DOULEUR D'AOÛT

Madeleine Chapsal mène, depuis toujours, une double carrière de journaliste et d'écrivain. Elle a collaboré aux Echos, *a fait partie de l'équipe fondatrice de* L'Express, *à la rédaction duquel elle a appartenu vingt-cinq ans durant.*
En ce qui concerne sa carrière littéraire elle a, notamment, publié : aux éditions Grasset : Une femme en exil, Un homme infidèle, Passion, Envoyez la petite musique..., La Maison de jade. *Aux éditions Fayard :* Adieu l'Amour, La Chair de la robe, Une saison de feuilles, Si aimée, si seule.
Un film a été tiré de La Maison de jade *et un télé-film de* Une saison de feuilles.
Madeleine Chapsal est membre du jury Femina depuis 1981 et Chevalier de l'Ordre du Mérite.

Paru dans Le Livre de Poche :

UN HOMME INFIDÈLE.

ENVOYEZ LA PETITE MUSIQUE...

LA MAISON DE JADE.

ADIEU L'AMOUR.

UNE SAISON DE FEUILLES.

MADELEINE CHAPSAL

Douleur d'août

GRASSET

Sans cesse, je me vois les écrasant dans sa pâtée, les comprimés, tandis qu'il me fixe de ses yeux confiants, convaincu que je lui prépare le meilleur comme à mon ordinaire.

L'assiette mise à sa portée, avec un mot tendre : « C'est pour qui, ça? Pour le chien? », il avalera le tout en quelques bouchées. « En deux gloups! », comme dit *Germaine*.

Aura-t-il le temps de trouver la concoction trop amère et de la refuser? Par précaution j'y aurai rajouté ce que les industriels de l'alimentation appellent « saveur artificielle », du viandox, ou de la gelée de jus de poulet conservée tout exprès pour lui dans le Frigidaire. Une saveur qu'il préfère à toutes, sauf, bien sûr, à celle du chocolat!

Peu à peu, il s'endormira, tandis que je resterai près de lui, à lui caresser le haut du crâne, où il doit bien ressentir quelque migraine, ces temps-ci, puis je grattouillerai son petit ventre gonflé, tendu à craquer, si rouge (c'est ce qui m'a alertée en premier), depuis sa maladie.

Il aura bien quelques soubresauts nerveux, sentant venir un sommeil trop profond, voulant résister. Mais inutile, j'y veillerai!

Ensuite ce sera mon tour. Comme je ne crains

pas le goût des comprimés, mais le désire au contraire, je les absorberai à poignée comme on voit faire aux acteurs dans les films, et comme je l'avais fait, une fois.

La méthode a son écueil : on peut se tromper de dose, trop ou pas assez, car l'efficacité mortelle dépend, paraît-il, du tempérament. On risque alors de tout recracher, vomir, se réveiller. Devenu malgré soi gibier de Samu!

C'est pourquoi il ne faut pas tenter la chose à la maison mais se dissimuler loin de tous, dans le sein de notre bonne mère nature – afin d'être à même de recommencer, si par malheur on reprenait conscience. Le froid, l'épuisement feront le reste.

Le lieu, pour moi, est repéré.

Une grotte, située au cœur de la forêt : « Viens voir, m'avait dit Bernard en me prenant par la main, des résistants se sont cachés là, pendant la guerre, personne ne les y a découverts. Plus tard, je suis venu y jouer aux Indiens, avec mes cousins! »

Les sauveteurs – bien moins motivés que les SS – ne la trouveront pas non plus.

C'est cette pensée constante de la mort qui me détruit.

Depuis que je sais que le chien est malade et condamné, trois semaines à peine, je périclite plus vite que lui. Mes premières réactions furent de révolte : qu'il meure, soit, je m'y attendais, après tout il n'est plus si jeune, mais pas d'un cancer, un cancer cela n'est pas « sain »!

Or ce chien, pour moi, était l'image même de la vitalité. C'est lui qui m'avait « rattrapée », il y a trois ans, en me contraignant à marcher, courir, manger, finalement écrire.

Je lui avais dédié mon roman, tant j'éprouvais de gratitude et d'admiration à penser que ce petit corps d'animal, si vigoureux, toujours « partant », avait mis à mon service, sans rechigner, tout ce qu'il avait de force et d'existence.

Est-ce cet effort de « transfusion » qu'il paie aujourd'hui? Il n'avance plus qu'à petits pas. Il va mourir.

L'embêtant, c'est que moi aussi.

Une partie de moi ou le tout?

Je ne connais pas mes réactions ni mes réflexes en cas de « situation extrême », comme dit Bruno Bettelheim. Je ne sais qu'une chose, c'est que ma capacité de douleur peut m'emporter au-delà de moi-même. « La plus sensible des femmes », ainsi parle de moi, dans un journal de province, un rédacteur littéraire inconnu.

Aujourd'hui, la plus sensible des femmes combine deux meurtres.

Une fois encore nous sommes en août, et ceux que je nomme mes « connaissances » ou mes « relations » sont loin. Comme il y a trois ans.

J'étais seule, alors, en Bretagne. A attendre le retour de Bernard que je croyais en Chine et qui était amoureux. Le chien allait bien, galopant en tout sens, plongeant pour ramener des morceaux de bois, des galets, moins boulimique qu'aujourd'hui, quoique toujours en mouvement. En fait, il s'affairait pour tenter de combler le vide que laissait en moi l'absence de Bernard.

Il était même allé, dans son excès de zèle, jusqu'à se faire mordre par un rival, puis s'était piqué, presque crevé un œil à un roncier, en faisant mine de poursuivre un lapin, après quoi il avait disparu une journée entière, quêtant la chienne en chasse! En somme, il s'était arrangé pour polariser mon angoisse, et m'obliger, déjà, à courir les vétérinaires.

« Cette maison vous est ouverte, m'ont dit au printemps les propriétaires du Manoir. Revenez quand vous voudrez, vous êtes chez vous! »

Touchée par cette invitation généreuse, j'ai imaginé d'y retourner, avec Bonhomme, car j'avais aimé ce pays, en dépit de ma stérile attente.

Des images de là-bas me reviennent en flashes, quand je marche dans les rues d'ici et que la mer me manque : le marché au poisson, un certain calvaire, le port, sa barre, ses îles au loin, et ses cornes de brume. Je prévoyais quels chemins familiers le chien aurait plaisir à reprendre, et comment, à marée basse, il se jetterait dans la rivière d'Etel, barbotant dans son eau boueuse, bénéfique et salée.

Mais moi sans lui! Non, je ne m'y *sens* pas.

Qu'est-ce que je sens, hors cette distance à tout et à tous, qui ne cesse, d'heure en heure, de s'accroître?

Je suis née en août, tout à fait à la fin du mois.

J'ai toujours mon père et ma mère.

Ces deux-là se sont arrangés pour me mettre au monde une fois. Deux fois, c'est impossible, à moi de me débrouiller, et tous les mois d'août c'est la même horreur.

A croire que je ne naîtrai jamais pour de bon et que je m'y escrime en pure perte. La femme en couches – de moi-même –, il y a bien longtemps que ça n'est plus ma mère, c'est moi.

Emma, jeune astrologue à qui je m'en plains, rit au bout du fil : « Le mois de naissance, c'est toujours comme ça, dur, très dur! »

Août n'est pas seulement le mois où je dégorge le plus violemment ma souffrance – c'est aussi celui où les autres meurent.

Les vieux, les malades, les abandonnés – dont une moisson d'artistes, ces derniers jours, un chanteur, un couturier, un poète, une comédienne –, mais aussi les jeunes. Apprentis marins, alpinistes non rodés, conducteurs de deux-roues ! « Les petits cons », les appelons-nous avec terreur et tendresse, quand nous les voyons passer dans nos rues aux pavés irréguliers, courbés sur leur frêle engin, dans un maximum de bruit, pot d'échappement rogné, au comble de leur piètre vitesse !

Entassements de cadavres, en Israël, en Palestine, en Afghanistan, en Corée, tonnes de boue au Soudan, voitures ferroviaires télescopées, cars dans les ravins, automobiles calcinées !

Mon père met ses écouteurs pour regarder le journal télévisé, ce qui fait que nous n'échangeons aucun commentaire lui et moi, face à ce bain quotidien de sang, de douleur et de larmes.

« A table », finit-il par dire, en ôtant l'ingénieux appareil qui lui permet de hausser le son sans pour autant m'assourdir.

Face à la nourriture, qu'il déguste de grand appétit, il ne parle jamais de ce que nous venons de voir.

C'est en consultant le programme pour choisir mon film du soir qu'il fait allusion au carnage : « Pas de film de guerre ! La guerre, je ne veux plus en entendre parler ! Deux fois dans une vie, ça suffit ! »

Il m'a fallu des trésors de patience pour obtenir quelques détails – dantesques – sur Verdun. Et ce n'est que tout récemment, en l'accompagnant chez son cardiologue, que j'ai découvert, à la radioscopie, l'éclat de shrapnell enkysté à quelques centimètres de son cœur, dont il ne m'avait pas parlé.

« De temps à autre, il me pique ! » explose-t-il, une fois rhabillé, en découvrant dans un sourire amusé ses deux incisives latérales, qu'il m'a léguées, à mon regret, et qui pointent.

Le médecin et moi nous entre-regardons.

Il s'en est fallu de peu qu'il y restât – et cela le fait rire !

Moi aussi j'ai ri, incisives en avant, quand Bernard m'a quittée : « Qu'il m'abandonne, passe encore ! Mais qu'il abandonne son chien ! »

J'allais découvrir que c'était le plus beau cadeau d'adieu qu'il pouvait me faire : il signifiait « survie ».

Et si mon père rit de si bon cœur à l'idée que son éclat d'obus le titille encore, soixante-dix ans après, c'est que cette lourde blessure – on l'a ramassé constellé d'éclats – pour lui aussi a signifié survie !

Quelques mois de plus au front et il était tué, comme la plupart de ses camarades.

Nous lui devons d'être là, à ce petit bout de ferraille allemande, moi et ma souffrance.

PAR une admirable soirée de juin j'étais appuyée, dos à la Seine, contre le parapet du quai d'Orléans, considérant ce qui avait été « ma porte », « mon trottoir », « mes fenêtres ».

« Mais qu'attend donc la nuit pour tomber! » s'impatientait la réalisatrice, les yeux levés vers le ciel trop clair, car elle était pressée de mettre en boîte la dernière séquence de son film, *La Maison de Jade*.

A mes côtés, deux jeunes amoureux, sans doute attirés par la lumière des projecteurs, et aussi l'attroupement que déplace avec lui – telle une étoile ses planètes – tout film en tournage, s'étaient juchés sur le muret de pierre, s'embrassant, chuchotant.

J'aurais pu me placer du côté du manche, c'est-à-dire derrière la caméra, la réalisatrice m'y avait invitée, mais j'avais préféré me glisser parmi les badauds.

Qu'étais-je d'autre, désormais, que la voyeuse de mes amours mortes?

Toutefois je n'avais pas le loisir de souffrir, tant j'étais centrée sur l'intense excitation que je ressentais au plexus, comme il arrive au théâtre, avant les trois coups.

Enfin le rideau se leva, et elle apparut, elle, la Star.

« Regarde bien, me dis-je, c'est toi, là, en face de toi! »

Car la Star jouait « mon » rôle, interprétait « mon » histoire, sur les lieux mêmes où je l'avais vécue, prononçant les mots que j'avais effectivement dits moi-même avant de les introduire dans le scénario.

Les mots terribles que j'avais articulés pour de vrai.

Tiens, à propos, où donc était passé le vrai?

La foule, autour de moi, s'était brusquement tue pour mieux se concentrer sur la jeune femme qui venait de surgir sous les projecteurs, suivie de son habilleuse. Un visage sensible et lumineux, une masse frisée de cheveux blonds, de fines jambes élégantes et qui paraissaient encore plus nues, sous la jupe droite, du fait qu'on ne voyait pas les bras, à peine les mains sortant des manches trop longues d'une veste d'homme. (Longtemps je m'étais habillée dans ce qu'il me restait de la garde-robe de Bernard.)

Elle avait l'air tendue, farouche.

« Jeanne, le personnage, vient de tout casser dans l'appartement, m'avait prévenue la réalisatrice, de sa belle voix chaleureuse. Ce soir, nous faisons seulement un plan de raccord dont j'ai besoin. »

Jusque-là, ni elle ni la Star n'avaient voulu de ma présence sur les lieux du tournage.

« Tu comprends, Jacqueline Bisset ne désire pas te voir avant la fin du film, elle craint d'être influencée. »

Nous n'avons pas eu l'occasion d'en causer, car la Star est repartie pour la Californie dès le lendemain de ce qui était le dernier jour du tournage, mais j'imagine qu'elle ne voulait pas s'imprégner de ma façon de parler, mes gestes, mes manières, en somme mon apparence. (Après tout, c'était moi la première protagoniste du drame qu'elle avait accepté d'interpréter.)

En véritable artiste, elle préférait recréer son personnage « de l'intérieur », utilisant ses propres émotions, non ce qu'elle aurait pu copier des miennes.

Ce soir-là, je n'en avais plus la moindre!

Une coquille de noix vide, voilà ce que j'étais, les yeux tout aussi écarquillés que ceux des amoureux qui avaient cessé de s'embrasser, pour voir... ce qu'il y avait à voir!

Mais que voyaient-ils, ces deux-là, hors l'agitation, les lumières et le couple de policiers débonnaires, un homme et une femme, qui, tout en veillant au maintien de l'ordre (il était temps!), s'étaient mis, par contagion, à flirter ensemble?

Les amoureux n'avaient même pas eu la curiosité de demander de quel film, encore moins de quel livre, il s'agissait, ni ce que représentait la scène en cours et où elle se situait dans l'affaire.

Ils ignoraient donc qu'on tournait une histoire d'amour, semblable à la leur. Car toutes les histoires d'amour se ressemblent, j'en avais fait la féroce expérience.

Mais peut-être le savaient-ils à leur insu et était-ce la raison pour laquelle ils étaient là, et non au lit, ou à errer le long de la Seine où coulent nos amours. Poussés par le petit dieu que son bandeau sur les yeux n'empêche pas de nous glisser exactement là où nous devons aller.

Vers l'amour et sa perte!

Et si je ne ressentais rien, à ce moment extrême, c'est sans doute parce que toutes ces pensées me passaient par la tête, et que mon « système » virait au big-bang !

En fait, cet instant de transmutation de ma propre histoire n'était-il pas propice à mon glissement dans l'ailleurs ? Je n'étais plus nécessaire, désormais, ni à moi-même, ni aux autres !

« Dans cette scène-là, dit à voix haute la réalisatrice en direction de sa Star, tu es sous le choc de ce que tu viens de faire et tu n'as plus qu'une idée, monter dans la voiture et t'en aller. Seulement tu crains de le rencontrer, ou que quelqu'un t'ait vue sortir de l'immeuble, alors tu regardes d'abord à droite et à gauche. Tu es triste aussi, désespérée, car tu te dis que c'est la dernière fois que tu viens ici... »

Et moi, était-ce aussi la dernière fois que je venais ici ?

Ma vie, j'en étais témoin, s'imprimait sans moi sur pellicule. « *Dites ces mots, ma vie, et retenez vos larmes...* » Le vers d'Aragon me tournait dans la tête, mais je n'avais pas de larmes.

Je me revoyais, sur ce même bout de trottoir, errant avec le chien, dans l'espoir et la terreur de rencontrer Bernard.

Hasard, chance ou destin, cela ne s'était pas produit.

A propos, et le chien ?

Je vis surgir Arthur, en compagnie de son dresseur.

Nadine m'avait dit, à l'une de nos rencontres préparatoires : « Il faudra que Bonhomme joue son rôle, nous n'en trouverons jamais un aussi laid ! »

J'avais sursauté – laid, mon chien, à qui je disais sans cesse : « Tu es le plus grand, le plus fort, le plus beau » ?

Riant de son grand rire tendre, Nadine s'était alors reprise : « Comprends ce que je veux dire :

jamais on ne trouvera un chien aussi émouvant! »

C'était vrai, le charmant Arthur, engagé pour tenir la place de Bonhomme, avait, par moments, l'œil un peu vide de qui attend la fin de sa scène pour aller vers sa pâtée (son cachet!).

Car je n'avais pas voulu que Bonhomme joue son rôle. Cela exigeait ma présence sur le tournage, ce qui aurait gêné tout le monde, et l'aurait fatigué, lui.

Je le savais si sensible, sous ses airs désinvoltes! Ecorché vif, même. (Deux abandons successifs, c'est beaucoup pour une vie de chien.) Aussi voulais-je lui épargner l'émotion de se retrouver sur « ses » lieux, ceux où nous avions vécu tous les trois après que l'homme et le chien y eurent longtemps habité seuls.

Sadisme que ce retour aux sources? Ou goût trop prononcé du réalisme?

Dans une histoire qui en a tant comporté, il ne s'agissait, une fois de plus, que d'un hasard, d'un enchaînement de circonstances.

Bernard libérait les lieux au moment même où la production errait dans l'île à la recherche d'un endroit propice au tournage!

« Quand on a proposé de nous prêter votre appartement, j'ai commencé par refuser, m'a dit Nadine, mais quoi de plus pratique qu'un rez-de-chaussée lorsqu'on tourne un film? »

L'accord amical avec le propriétaire, devant s'y installer après travaux, fut vite conclu : il accepta de laisser l'appartement en l'état pour les deux ou trois semaines qu'allait durer le travail.

Bonhomme aurait trop souffert, me disais-je, de se retrouver d'un seul coup chez lui sans savoir que c'était « pour de rire », à attendre inutilement le retour de Bernard. Car tout en cherchant – par pudeur et délicatesse – à me le dissimuler, il l'espérait encore sans cesse, pauvre bête!

Mais si je n'étais pas retournée sur les lieux, tandis que les cinéastes tournaient entre ces murs que nous avions choisis blancs exprès pour que s'y reflètent les éclats du fleuve, et où subsistaient nos bibliothèques, construites selon nos plans, la salle de bains carrelée de mosaïques bleu et or à nos couleurs, et la grosse moquette de corde écrue, si présente sous la plante des pieds, j'y pensais sans cesse.

A la fin du premier jour, Nadine m'appelle, émue : « Quand nous sommes entrés dans l'appartement, les membres de l'équipe qui ne te connaissent pas et moi, tout le monde s'est senti la gorge serrée! Tu étais là! »

Elle m'a encore téléphoné pour me dire : « Tu sais, tout le quartier te réclame, les gens viennent sur le plateau, ils demandent où tu es! »

Je les connaissais un par un. Si peu enclins à adopter les nouveaux venus, pourtant je leur appartenais! A Henriette, ma vieille amie du dessus, qui me répète : « En hiver, je n'avais pas besoin de chaudière, votre amour me chauffait! Ah, je te regrette, tu sais! » A mon cher concierge et son épouse, qui continuent de m'envoyer des cartes postales : « Mais quand revenez-vous? » J'ai aussi en mémoire les voisins, si souvent sur le pas de leur porte, comme il est d'usage dans ce vieux quartier de Paris, et qui m'ont tant vue passer au bras de Bernard, ou en compagnie de Bonhomme, restaurateurs, marchand de journaux, commerçants, tous les témoins de mon amour.

J'imaginais leurs têtes, le jour où la production organisa spontanément un cocktail d'adieu dans « mes » murs à nouveau vides, débarrassés de leurs décors de cinéma, sous le prétexte de s'« excuser du dérangement ».

En fait, pour célébrer quelque chose d'impalpable : la fin d'un amour. Ou alors, son éternisation.

Bien sûr, certaines gens étaient choqués. (Pas seulement dans l'île.)

Nous nous sommes aimés à leur barbe, ce jeune homme et moi. Puis j'en ai fait toute une histoire, un roman, lequel a eu du succès au point qu'ils se sont sentis forcés de le lire. Maintenant, comble d'impudence, on en tire un film.

Et sur les lieux du « crime »!

Il y a des gens qui manquent de la plus élémentaire des pudeurs.

C'est vrai, je n'avais pas eu de pudeur. Je n'en ai pas. Je n'en ai plus.

Je n'ai même pas de sentiments.

Rien que cette douleur énorme, qui s'agrandit sans cesse, gouffre sans fin, faille béante, au point que je finis par ne plus en voir le bord, tandis que continuent à s'entasser, dans des chemises, des cartons, bientôt des valises, ces lettres passionnées qui me disent toutes la même chose : « C'est mon histoire, c'est moi! Merci d'avoir écrit ce livre. »

Moi aussi j'avais envie de dire : « C'est moi! » à la Star qui là, devant moi, semblait la proie d'une horrible souffrance, poings fermés, prête à hurler, et qui, après s'être cogné la tête contre le mur de « ma » maison, finissait par se jeter dans cette vieille Chrysler décapotable qui n'avait jamais été ma voiture mais qui dans l'instant le devint! Car si elle, la Star, s'était employée, tous ces mois qu'avait duré le tournage, à jouer ma vie et à prendre ma place, voilà qu'en un instant je prenais la sienne!

« Pourvu qu'elle ne conduise pas trop vite... », me suis-je surprise à penser.

Mais le moteur de la vieille voiture louée venait de rendre l'âme, ce qui fait qu'on avait attaché des cordes au pont avant et que deux machinistes tiraient cet attelage à bras, au-dessous du niveau de la caméra, doucement puis de plus en plus vite, tandis que la Star, après avoir frappé de la tête le volant, faisait mine de passer rapidement les vitesses.

Moi aussi j'avais ainsi décollé de ce même trottoir, sans cordes, sans machinistes, sans caméra, sans scénario, espérant de toutes mes forces, mon tube de comprimés en poche, que j'étais arrivée à la fin de l'histoire.

SOUS cet infatigable soleil d'août – dont l'ardeur achève de m'épuiser – je démarre en direction de Royan.

J'ai déjà rencontré des voyants et beaucoup de mes amis sont astrologues, mais c'est la première fois que je me rends chez un guérisseur.

« Puis-je vous amener mon chien? lui ai-je demandé au téléphone. Il a un cancer.

– Autant vous le dire tout de suite : Non! Ça n'est pas que je ne reçoive pas les chiens, mais je ne traite pas les cancers, ça ne marche pas.

– Alors, accordez-moi un rendez-vous pour moi, je suis usée de le savoir malade, je n'en peux plus! »

Il me fixe une heure pour le lendemain et m'indique le nom de son village, presque un lieu-dit.

« Et l'adresse? »

Il rit : « Tout le monde me connaît! Vous n'aurez qu'à me demander... »

Que savons-nous, au juste, de l'énergie biologique et de ce qui anime la matière vivante? On ignore même comment la vie a surgi du néant, il y a plusieurs milliards d'années. A moins qu'il n'y ait continuité moléculaire – c'est l'actuelle hypothèse

– entre la matière considérée comme inanimée et nous. Et ma souffrance.

Ce n'est pas que je sois disposée à « tout » croire, c'est que je sais, pour m'être informée aux meilleures sources, que nous ne savons presque rien. Les professeurs en médecine – j'en fréquente une tripotée, dont l'un, tout jeune, à la pointe des connaissances médicales, vient, de son université américaine, de me donner son opinion sur le cas de Bonhomme – pataugent, hors leur spécialité.

D'ailleurs, les plus grands biologistes mondiaux, tel notre prix Nobel en ce moment au travail à l'Institut Pasteur, sont les premiers à le reconnaître : « Nous ne cessons de progresser, mais nous sommes encore dans le bleu quant à l'essentiel! Ainsi le virus du sida se révèle, pour l'instant, plus rusé que nous, dès qu'on le débusque, il mute... »

Intelligence de la vie.

Il n'y a que le très petit personnel médical pour ne pas se montrer humble devant elle... En revanche, l'excellent praticien qui dînait chez nous, hier, en famille, n'a pas hésité à nous entretenir longuement des miracles de Lourdes, dont il a étudié, scientifiquement, les cas et l'historique. (Celui de l'homme né avec des rétines « blanches » et qui, désormais, voit.)

L'inconnaissable nous cerne.

Plongée dans mes pensées, je passe le lieu-dit sans apercevoir la signalisation, nettement insuffisante. Toutefois, un affichage – avertissement inconscient? – a retenu mon attention. Face au tournant que j'aurais dû prendre, je lis « 3,33 », le prix du gazole ce jour-là.

Le 3 n'est pas mon chiffre – pour moi c'est le 2 et tous ses multiples, 4, 8 –, et puis le double de 333, c'est 666, le chiffre de la Bête... Mais la Bête et sa moitié ne peuvent-elles, dans certains cas, se révéler bénéfiques ?

Je fais demi-tour, repasse devant le 333, enfile le chemin à ma droite et le premier agriculteur rencontré me renseigne, avec un grand sourire de connivence : « C'est à trois maisons, vous verrez le parking. »

Deux voitures s'y trouvent garées et, bien que la salle d'attente soit vide, pour me préparer à la patience, je m'empare d'un magazine. Au hasard.

Parlons-en, du hasard !

Le premier article qui me tombe sous les yeux s'intitule : « *Le jade thérapeutique* » !

Tant de fois j'avais cherché à me renseigner sur le jade, dans des dictionnaires, des encyclopédies, des manuels de gemmologie, et même au musée Guimet, notre institut national des arts asiatiques, pour ne découvrir que peu de chose.

Pas même comment faire la différence entre le jade à quatre sous – la jadéite – et les bijoux ou statues vendus dans les grandes ventes aux enchères, en particulier en Angleterre, chez Sotheby's, comme j'en ai lu le compte rendu dans les somptueux magazines imprimés par Christie's : ce jade-là, rare et authentique, vaut plus cher que l'émeraude !

Et c'est ici, au fin fond de la Saintonge, dans ce modeste magazine de naturopathie, que m'attendait « l'explication » : le jade est bénéfique, contrairement à ce que je m'étais mis en tête, en particulier pour les reins – Bonhomme souffre d'un rein. Cette matière noble était utilisée par les anciens Chinois à des fins thérapeutiques, ornementales, et magnétiques.

Jade : le mot signifie aussi « pierre de foudre ». (Pierre du « coup de foudre » ?) Suit la « recette » :

laisser tremper une plaque de jade dans une certaine décoction, à boire tous les matins trois semaines durant... Je n'ai pas le temps d'en absorber plus, la porte s'ouvre, le magnétiseur raccompagne deux femmes joviales.

« A nous ! » me dit-il.

C'est en tenant le magazine à la main que j'entre dans son cabinet.

« Alors ? me demande-t-il, pressé d'être au fait.

– C'est moi qui vous ai téléphoné hier pour le chien, vous m'avez dit que vous ne soignez pas les cancers mais que vous pouvez vous occuper de moi, me voilà.

– Otez votre veste, nous allons voir. »

Il se place dans mon dos, pose ses mains sur mes reins.

« Oh là là, ce que vous êtes nerveuse ! »

J'ai toujours fait des « bonds », pour un bruit, une émotion, un mot, une lettre, au moindre contact – cette sensibilité trop vive fait que je n'aime guère qu'on m'embrasse –, alors, en ce moment ! La reine du réflexe non voulu, c'est moi ! Coups de volant excessifs, renversement de ce que je veux justement préserver !

« Je suis tellement anxieuse à cause du chien que ma digestion est nouée. Si vous vous intéressez à l'astrologie, ça ne vous étonnera pas ! Je suis Vierge ascendant Vierge, tout se porte sur l'appareil digestif. En revanche, je n'ai jamais mal à la tête.

– Venez vous allonger là. »

Et lui, qu'est-il, Gémeaux ? Il en a l'aspect aérien et léger, ce grand homme blond aux traits fins, les yeux très bleus sous des paupières pensives.

« Gémeaux, me dit-il.

– Je l'ai pensé ! Et l'ascendant ? Verseau ? Cancer peut-être ? »

Je lui verrais bien un signe d'Eau, avec ses dons.

« Non, Bélier! »

Le Feu! C'est que je n'aime pas trop les Béliers, plusieurs m'ont fait mal, et du coup le signe m'échappe.

L'homme tient ses mains sur mon ventre, sans appuyer. Soudain, du côté droit, là où le côlon descend, j'éprouve une vive sensation de chaleur.

« Ça chauffe!... Je voulais vous dire... »

Je n'ose aller plus loin, craignant de troubler sa concentration, à mon sens nécessaire.

« Vous pouvez parler, ça ne me dérange pas...

– Eh bien, j'ai écrit un livre qui s'appelle *La Maison de Jade...*

– Ma femme l'a lu. »

Le livre, je le découvre tous les jours, s'est insinué partout où il y a des femmes. En juillet, la jeune factrice intérimaire apercevant le chien venu à sa rencontre, s'écrie sur le ton de l'évidence : « Mais c'est Bonhomme! »

« Eh bien, dans votre salle d'attente, je viens de tomber sur un article qui parle du Jade! On dit qu'il est thérapeutique, or à moi le Jade a porté malheur...

– Rien ne porte malheur. Il y a une façon simple de s'en assurer.

– Laquelle?

– Imaginez la terre sans les hommes. Y aurait-il quelque chose, un élément qui porterait malheur? Non. C'est nous qui décrétons que ci ou ça porte malheur... Vous pouvez vous lever. »

Je me redresse, remets ma veste.

Bien sûr, les pierres en elles-mêmes ne portent ni malheur ni bonheur. Mais les « projections » humaines ne sont pas inoffensives, la preuve : par la seule imposition des mains, cet homme soulage, parfois guérit. Sait-il lui-même pourquoi ça marche – ou échoue ? En fait, il est un carrefour, une boîte à rayons – les uns venus du cosmos, les autres de la masse humaine – qu'il stocke, redistribue.

Qui sait si la bague de Jade que m'avait offerte Bernard n'avait pas emmagasiné toute sa haine pour moi, à cet ultime instant de notre union ? Me croyant toujours aimée – ce qui devait achever de l'horripiler –, je n'étais plus à ses yeux qu'un obstacle diablement embarrassant à ses nouvelles amours !

Ne sachant comment s'en sortir, toutefois pressé de le faire – comme tous ceux qui ne savent qu'obéir à leur caprice –, il devait souhaiter ma mort subite. Plus de comptes à rendre, voilà qui l'aurait arrangé !

La bague de Jade – jadéite ? – ramenée de Chine, perdue, retrouvée par lui dans l'entrée de l'immeuble, et qu'il m'avait alors tendue, le sourcil froncé, l'air mauvais, devait, à son insu, s'être chargée de ses désirs de meurtre, avoir tout « pris » des féroces émanations humaines.

Or, cette noble matière, que les anciens Chinois estimaient plus que toute autre, possède – en plus de ses propriétés thérapeutiques – des pouvoirs occultes ! C'est sans réfléchir que je me suis placée sous sa protection, à l'abri de son « rayon vert ». Et si c'était grâce à la pierre sublime que l'écriture de *La Maison de Jade* m'avait permis de survivre ?

Il ne faut pas que j'oublie le chien.

« Je vous ai apporté une photo », dis-je, et je sors de ma poche un petit cliché de mon compagnon noir et blanc.

« J'allais vous demander des poils. Mais la photo suffira. »

Il passe sa main par-dessus.

« Il a l'air petit, comme ça, dis-je, mais c'est un grand chien !

– Les chiens sont parfois plus grands que les humains. Je la garde, revenez dans quinze jours. »

Puis il inscrit mon nom et celui du chien au dos de la photo.

« Tenez, emportez le magazine où il est question du Jade, je vous le donne. »

Le ciel est complètement dégagé, quand je roule à nouveau vers Saintes, mais le soleil ne m'indispose plus. Non que le magnétiseur m'ait « guérie », mais parce que nous avons communié, cet homme et moi, dans quelque chose d'essentiel : l'inconnu. Autrefois, on disait : le mystère.

La plupart des gens s'y refusent ils s'emmurent dans leur terreur de ce qui n'est pas obéissance aveugle à « l'ordre ».

Pourtant, vivre (et tout en m'abandonnant à ma rêverie j'observe au plus près, comme on s'accroche à la rampe, les signaux routiers), n'est-ce pas se tenir en équilibre sur la mince frontière qui sépare raison et folie !

Et l'amour, qu'est-il d'autre que mon vertige ? Ma constante envie de plonger ?

Voici Saintes, ses clochers, ses vallonnements.

Bernard était bien le plus fou de tous les funambules de ma connaissance, et le plus amoureux.

J'ALLAIS tourner le coin de la cathédrale Saint-Pierre, avec le chien, lorsque j'ai regardé dans sa direction, et sa vue m'a figée sur place : « Ça n'est pas possible ! » ai-je murmuré pour moi seule, bouleversée.

Sa baguette sous le bras, terriblement amaigri, mais toujours aussi élégant dans son costume de coutil bleu marine d'ancien travailleur, son éternelle casquette bien enfoncée, il sortait de la boulangerie et je crus un instant qu'il allait rester sur place, incapable de lever la jambe pour faire un pas de plus.

En même temps, il émanait de lui une telle dignité, un tel désir de se conduire comme à l'ordinaire – la preuve en étant qu'il était allé acheter son pain tout seul – que je sentis que m'approcher de lui et lui proposer mon aide eût été une faute.

Je restai au loin tout en ouvrant mentalement les bras, comme on le fait pour un tout petit enfant qui se met en marche. À la fois pour le retenir et l'encourager.

Personne d'autre que moi n'avait l'air de remarquer son malaise.

Puis sa volonté, que je sentais raidie, a dû

triompher de sa faiblesse, la longue habitude de vivre l'emporter, et, au ralenti d'abord, ensuite plus vite, il s'est mis à chanceler en direction de chez lui.

A mes côtés, le chien, qui ne vaut guère mieux, côté marche, s'est mis à tirer sur sa laisse, pour que nous avancions nous aussi, car, même malade, il ne supporte guère l'immobilité.

C'est en raison de sa perpétuelle agitation que j'avais fait, l'année précédente, la connaissance de cet homme, aujourd'hui si réduit.

Plusieurs fois par jour nous nous rendions en habitués, Bonhomme et moi, dans le petit jardin public situé juste derrière notre maison, à l'emplacement de l'ancien collège où mon arrière-grand-père fut professeur de lettres, avant d'en être le principal. Chaque fois, je bénis la municipalité, qui, après avoir eu le tort de détruire cet admirable vieux bâtiment, s'est rachetée en créant sur son emplacement un jardin public, lequel fait le bonheur des riverains dont je suis.

D'autant qu'il est largement ouvert à nos compagnons les chiens. Bonhomme aime l'herbe, le sable, mais aussi les fleurs, qu'il hume longuement. A Paris, Ville Lumière – souvent bien éteinte du cœur et de la tête –, la férocité municipale l'en prive complètement. Même au Champ-de-Mars et tenus en laisse, les chiens (comme les enfants) sont priés de ne pas approcher des massifs, ou c'est le coup de sifflet!

Ici, les chiens – et leurs inconvénients – sont admis. Je prends plaisir à les observer. Ainsi, le très vieux Bobby, un mâle coupé, plus un poil sur la queue et qui, pour manifester sa joie à l'arrivée d'une connaissance, pousse une sorte de cri qui n'a rien d'un aboiement, rauque et presque humain.

Je salue aussi le chien tricolore, bâtard aux

oreilles pendantes, pourri d'eczéma, et qui, à force d'être chassé par tout le monde – « Oh, le dégoûtant ! Va-t'en ! » (même Bonhomme fuit son contact) –, est d'autant plus aux aguets et au courant de tout. Un bon « indic », s'il pouvait parler.

Nous apprécions aussi la petite chienne à qui un vétérinaire a jugé nécessaire d'extraire les globes oculaires. Sa maîtresse la dépose tendrement sur le gazon, et la petite aveugle va et vient « au flair », heureuse de dépendre entièrement de l'amour qu'on lui porte.

Enfin, il y a la reine des lieux, la belle Katia. Cette grande chienne jaune et grassouillette a subi une hystérectomie, ce qui ne l'empêche pas, à temps réguliers, d'avoir ses chasses. C'est elle, sans conteste, la Star du quartier : tout le monde la caresse et tous les chiens cherchent à la couvrir, Bonhomme y compris.

Etendue sur le flanc, de préférence au soleil, comme si elle cherchait à bronzer, elle se contente de grogner si on la flaire de trop près. Mais elle nous a pris en affection, Bonhomme et moi, au point de se lever à notre approche, rare privilège, pour s'offrir à nos caresses. Lorsqu'elle ne nous a pas vus de plusieurs semaines, il me semble même qu'elle nous gronde : « Mais où donc étiez-vous passés, ces temps-ci ? »

Toutefois il fallut des mois pour que ses maîtres, un couple de retraités, acceptent de « remarquer » que leur chienne et moi avions pris langue !

Chez nous, en Saintonge, on n'est guère familier avec les inconnus. Bien sûr, cela faisait déjà un bout de temps que j'arpentais notre square à chiens, si bien dénommé Jean-de-Nivelle ! Mais, après tout, d'où sortais-je ?

Ça n'est pas moi qui allais crier *urbi et orbi* que

la rue qui longe le square porte mon nom, c'est-à-dire celui de mon grand-père, qui fut vingt ans maire de la ville, ni que les mânes de mes aïeux hantent l'emplacement de l'ancien lycée.

Face aux habitués j'avais choisi, par respect pour leur ancienneté, de me comporter en « étrangère », me contentant de parler à la chienne. (Car je parle aux chiens, dans la rue, ce qui ne plaît pas toujours aux maîtres, lesquels ont l'air de considérer qu'un tel manque de tenue ne plaide pas en faveur de ma santé mentale ! Ou de ma bonne éducation.)

Et puis, un jour, l'homme se leva de son banc à mon approche pour venir jusqu'à moi !

« C'est bien vous qu'on a vue avec le chien !

– Où ça ?

– Eh bien, dimanche, à la télé !

– Ah oui, dans *Trente Millions d'Amis !*

– C'est ça ! J'ai dit à ma femme : " Je reconnais le chien ! – C'est pas possible, elle m'a dit. – Mais si, je te jure, c'est le petit fox noir et blanc. "

– En effet, c'était bien nous.

– C'est ce que je pensais, je ne me suis pas trompé ! Il faut que je le dise à ma femme ! »

Déjà, il ne songe qu'à retourner chez lui pour confirmer la nouvelle : le chien de l'écran est bien le chien du jardin. La dame aussi, par le fait.

A partir de là, nous avons pris l'habitude d'échanger par-ci, par-là, quelques mots. D'abord au sujet de Katia, généralement entourée de sa cour, composée entre autres de pinchers, dont je redoute l'agressivité.

« Un chien, ça peut toujours mordre, attention ! » me répète Elsa, qui, par métier, soigne des morsures à longueur de jour. Quand on ne lui apporte pas la victime définitivement mutilée et broyée, comme le tendre petit yorkshire de mon amie Antoinette, qui, minuscule héros voulant défendre sa femelle, se fit casser en deux par un bâtard de berger allemand, comme un lapin.

A Pâques, je trouvai l'homme amaigri, fatigué, me sembla-t-il.

« Ça va?

– Oui. »

Je n'en tirai pas plus. Ce fut sa femme, réduite elle aussi, et rendue prolixe par le malheur – je connais le phénomène! –, qui m'en donna quelques jours plus tard l'explication. Son mari se plaignait de la gorge et le médecin qu'il finit par accepter de consulter diagnostiqua le mal dont, comme le dit La Fontaine, nul n'ose prononcer le nom.

Rayons, chimiothérapie, c'était en fait le traitement d'attaque qui, en quelques semaines, l'avait mis dans cet état.

Que dire, sinon compatir et se mettre, comme eux, à espérer?

Toutefois, en moi, la révolte gronde : ces deux-là vivaient en sages, peu de besoins, sinon celui de leur petite société de gens simples et choisis qu'ils fréquentent quotidiennement au jardin, dans l'amour immodéré pour leur rousse Katia.

C'était la chienne, récemment opérée, qu'on croyait fragile. Pas lui.

« A-t-il bu, fumé?

– Pas spécialement... »

Bonhomme non plus n'a ni bu ni fumé, sinon respiré les pots d'échappement. Macadam dog! A moins que ça ne soit le « choc » psychologique de la rupture avec le meilleur de son passé que Bernard lui a infligé, à lui comme à moi, mais sans que l'animal ait le recours de l'exprimer. Du jour au lendemain le pauvre chien a perdu son maître, son quartier, ses copains, son appartement, sa maison, ses humains (sauf moi, la dernière venue) et sa forêt, la belle forêt giboyeuse de *La Maison de Jade,* dont nous rêvons toujours.

Il y a bien là de quoi mourir.

A-t-il aussi trop accusé le chagrin de me voir, au début, pleurant, hurlant des nuits entières ? Et s'est-il comporté comme une « éponge », absorbant cette douleur qui émanait de moi, et dont une partie seulement a pu se déverser dans le roman ?

Le reste, c'est le chien qui l'a pris. Pan, dans le pancréas !

Sous le choc, une cellule, une seule au début, part à l'aventure !

Pourquoi chez lui, et pas chez moi !

« Bravo, vous avez fait ce qu'il fallait », me dit mon médecin, examinant les résultats des analyses de sang qu'il m'a prescrites...

« Comment ça ?

– Quand vous êtes venue me voir, il y a trois ans, vos analyses m'ont inquiété, elles étaient précancéreuses.

– Cela se voit ?

– Avec cette méthode, oui. Mes ordonnances ont aidé le terrain à se renforcer, mais c'est vous seule qui avez rétabli la situation.

– Comment ça ?

– En écrivant votre livre ! Vous ne pouviez mieux trouver pour expulser le mal qu'on vous a fait et le mettre hors de vous.

– Vous voulez dire : en le jetant à la figure des autres ?

– C'est ça ! Vous avez eu parfaitement raison ! »

J'apprécie d'autant plus son verdict que tout le monde n'en juge pas ainsi ! Loin de là.

Dans ce qui me relie aux autres, je sens une si

grande part de malentendu, de violence. J'ai l'impression de me cogner à eux dans le noir. Et de nous faire mal à tous.

« C'est que le corps gêne pour communiquer, me dit *Germaine* à qui je m'en plains, le corps c'est de la viande, tu comprends, il est opaque. »

Même avec elle, je me sens empêtrée dans ma chair.

– Je crois qu'il est usé. Il ne marche plus. Je parle de mon corps », m'a-t-elle dit la dernière fois.

Et d'ajouter :

« Tu vois, c'est ça, une fin de vie... Je suis curieuse d'aller voir ce qui se passe ailleurs! »

Sans tristesse apparente. Presque amusée.

En moi, une sauvage envie de la suivre, accrochée à ses jupes.

Depuis que je suis toute petite, on m'a inculqué – comme à tout le monde – qu'on ne met pas la vérité sur la place publique ! Chaque fois que j'ai enfreint l'interdit, je l'ai durement payé.

Pourtant, à peine de retour chez moi, après avoir été vidée de chez Bernard, je m'assois devant ma machine et me mets à transcrire d'une traite tout ce qui me passe par l'esprit. Le plus vite possible pour échapper à la furie des censeurs que je sens déjà sur mes talons !

Deux, trois, cinq, dix pages... puis je me relis. Ces mots sont de moi et pourtant je sens qu'ils appartiennent à tous, paroles de plainte et de musique, tel le blues des esclaves noirs.

Les premières personnes au courant s'indignent : « Tu as tort d'écrire cette pénible histoire, tu dois n'y plus penser, au contraire ! »

Ne pas ou plus parler de ce qui fait mal, ai-je oublié que c'est la première des « règles », en société ?

Non, mais je sais aussi que le véritable oubli commence par le ressassement !

Qu'ont fait d'autre les humiliés de toutes les ethnies du monde, sinon se plaindre en cadence ?...

Old Man's River, n'est-ce pas dire et redire « j'ai mal »?

Le soc de ma charrue n'a fait que se glisser dans le sillon tracé depuis des siècles par tous les êtres en souffrance.

On commence par se balancer en mesure (tous ceux qui souffrent physiquement ou moralement retrouvent d'instinct cet autobercement), une fois le rythme pris, on tape sur un morceau de bois, une casserole – moi c'était ma machine – et le chant monte, irrépressible, repris en chœur.

Car ce qui porte, ce sont les mots des autres :

En propre, comme tout animal, je n'ai que des cris. Les mots, c'est ce que m'ont transmis ceux qui avant moi ont tracé des signes, créé des vocables, inventé des règles, pour ma détresse d'aujourd'hui.

Mes aïeux, parmi eux un grammairien, un professeur de latin-grec, savaient-ils qu'en contribuant à affiner ce scalpel qu'est la langue, ils travaillaient à me léguer de quoi crever mon abcès, quand viendrait l'heure?

Tapant en cadence sur ma machine à écrire, berçant mon chagrin comme un enfant mort, je me dis par moments que je me comporte en vraie folle...

Alors je m'interromps pour me relire et ces mots – qui m'ont comme échappé – me font l'effet d'une drogue...

« Ça n'est pas de la fiction, votre livre, c'est votre histoire! »

Personne ne veut en démordre.

« Qu'en savez-vous, vous ne me connaissez pas?

– Cela se *sent*! »

Sent-on aussi à quel point les formes fracassées,

les couleurs hurlantes de certains peintres sont leur douleur ?

Car la douleur est un monstre, comme la maladie de Bonhomme et comme celle de l'homme du jardin public.

« Ton livre est abominable, mais surtout continue ! » me dit la première personne à en lire le début, une amie éditeur.

Son génie propre n'est pas tant de se préoccuper de ce qu'est la littérature que de s'y connaître, irréprochablement, en douleur.

Mes cris – c'est déjà ça – ne lui font pas trop peur.

Est-ce parce qu'elle ne m'a pas fuie que les cris de la bête tournent aux cris de la fée ?

Mais la bête, puits sans fond de la douleur sans fond, demeure quand même à l'affût.

JE ne pouvais voir que son regard, car le reste de son visage m'était dissimulé par la foule. Mais il n'y avait pas à s'y méprendre, c'était bien lui! Je reconnaissais ses yeux!

Larges, un peu rapprochés, des yeux bleus d'homme brun, encadrés de cils et de sourcils de ce châtain léger, presque rose, dont j'avais parlé.

Ce qui me bouleversait le plus c'était leur expression : ils étaient fixes, absorbés par ce qu'ils contemplaient, ou plutôt l'absorbant. Des yeux qui aspirent! Et qui m'avaient bue, à l'époque!

« C'est tout à fait lui! » dis-je en me tournant vers la réalisatrice, assise à mes côtés dans l'obscurité. (Il n'y avait que nous dans la petite salle de projection, car nous visionnions ensemble la première copie de travail.)

« Ouf, je suis contente! » soupira-t-elle.

Et moi, qu'étais-je?

On avait découpé une lucarne lumineuse dans le temps et, de mon fauteuil, je pouvais assister au spectacle de mon passé! (Plus seulement par la mémoire, comme je l'avais fait jusque-là.)

Personne, avant moi, n'était jamais parvenu à cet exploit, sauf, peut-être, des devins ou des mages, dans leur boule de cristal.

Mais il n'y avait pas à s'y méprendre : c'était tout à fait l'église russe où nous nous étions trouvés ensemble pour la première fois, Bernard et moi, les petites bougies, la musique, et cette ambiance dorée, à la fois religieuse et luxuriante...

Si lui m'avait aperçue dès ce moment-là, moi je ne l'avais remarqué que quelques heures plus tard, chez *Germaine*.

Et voilà que par un tour de passe-passe, une opération miracle qui avait dû coûter des millions – sans compter le travail acharné de toute une équipe dont je ne connaissais bien que la réalisatrice ! –, il m'était donné de revoir ce moment clé de mon existence et, de surcroît, ce qui m'en avait échappé à l'époque : Bernard me regardant et se disant à lui-même la phrase fatidique : « Cette femme est à moi et pour moi ! »

La caméra se rapproche et je peux contempler son visage en entier. Je n'ai jamais vu Bernard avec la barbe, mais pourquoi pas ?

C'est tellement lui, mêmes gestes, même couleur de peau, le nez aussi est « presque » ça, dans son modelé un peu indécis... Toutefois, je ne lui connais pas ce blouson, à moins qu'il n'ait fait partie du lot de vêtements qu'il m'avait demandé de donner, après mon installation chez lui, comme ne convenant plus à son « standing ».

Brusque contrechamp, et la caméra nous montre enfin ce que Bernard regarde avec une intensité qui est déjà de l'amour (car la fascination est le début de l'amour) : la femme !

Aussitôt, fin de mon illusion : la femme aimée n'est pas moi, mais elle, la Star !

Or, à ma vive surprise – car tout va extrêmement vite, pendant ces premières minutes, et mes sentiments précèdent mes pensées – au lieu d'être déçue, j'éprouve comme un soulagement !

L'amour recommence – l'amour recommence toujours –, mais pas pour moi, pour eux !

C'est tant mieux !

Je n'ai plus la force de reprendre l'amour avec Bernard ! (Les futures spectatrices, nostalgiques de leur bonheur perdu, vont-elles penser comme moi ?) Non, je n'en veux plus, cet amour a été trop dur, trop exigeant, trop ingrat aussi, oui, c'est le mot, trop ingrat !

Même si tout le temps qu'il a duré j'ai vécu dans le merveilleux.

Désormais, la Star occupe ma place, elle a pris le relais de la passion. Et c'est bien sincèrement que, du fond de mon fauteuil, je suis heureuse de la voir heureuse, ayant accepté le risque, une fois surmontée sa première hésitation – j'ai éprouvé la même –, de s'installer publiquement dans cette liaison choquante, scandaleuse aux yeux d'autrui !

C'est de tout cœur que je l'y accompagne !

Elle joue si juste !

Elle devient même de plus en plus belle, à mesure qu'elle accepte de laisser Bernard l'approcher, sa grande beauté naturelle s'éclairant de l'intérieur comme les lanternes au temps du *Halloween* !

Ce magnifique couple, chez qui la différence d'âge ne se remarque alors plus, incarne la splendide déraison de l'amour.

C'est si beau à voir que j'ai envie de battre des mains.

« Gagné ! » dis-je à voix haute à la réalisatrice, que je devine tellement anxieuse et tendue à mes côtés (« Je n'ai pas dormi de la nuit, me dira-t-elle, j'attendais ton verdict ! »). Elle est encore incapable de juger son œuvre, comme je le fus de juger mon roman.

« Tu crois? Tu crois vraiment? »

Je ne crois pas, je suis sûre.

La preuve est là : désormais je ne pense plus à moi, mais à *eux*! Pourvu qu'ils restent ensemble, pourvu que le monde extérieur, coalisé comme à son ordinaire contre l'amour passion, ne triomphe pas de leur couple!

Je ne supporte pas l'idée que leur amour, dont la vue me fait tant de bien – qu'ils soient à table, en bateau, en voiture, avec le chien, dans leur lit, face à la Seine, sur *mon* quai, disant *mes* mots, car j'avais présidé à leur rencontre, j'en étais la marraine, l'organisatrice –, puisse finalement être détruit.

Anéanti.

Comme l'a été le mien.

Mais le monde est méchant et à nouveau tout bascule!

C'est l'horreur et ma gorge est nouée par les larmes... Vais-je me mettre à pleurer sur une histoire dont j'ai moi-même écrit le scénario?

En réalité, cela n'est plus « mon » scénario, ni même mon histoire, cela devient la leur!

Face à l'écran, je ne suis plus très sûre d'avoir vécu ça pour mon compte... Peut-être n'ai-je fait que les prévoir, la Star et son jeune partenaire, dans ce temps aboli dont parle Mallarmé.

Peut-être avons-nous seulement « répété », Bernard et moi, comme des doublures qui se prennent pour les protagonistes, et n'avions-nous pour rôle que de mettre au point le scénario en vue de la véritable entrée en scène : celle des artistes!

Nous ânonnions, mon amant et moi, comparés à la Star et à son partenaire! Avec quel talent, quelle sobriété, quelle maîtrise, ces deux-là savent « descendre » les plans !

La scène de rupture, en particulier, est bien plus souveraine que la première « prise » – si je puis appeler ainsi ma propre performance !

Toutefois, c'est bien le même « noir » (son ombre est restée sur mon cœur) qui amène la dernière image, celle où Bernard s'apprête à disparaître de la pellicule et, une fois encore, de ma vie !

Déjà il s'éloigne sur cette place vide, de sa démarche chaloupée que nous aimions tant, Bonhomme et moi (le chien eût-il été au tournage qu'il lui aurait couru après, hurlant sa joie !). Au tout dernier instant, voilà que mon amour se donne à l'improviste un grand coup sur la tête avec l'exemplaire de *La Maison de Jade* qu'il vient d'acheter !

Or c'est à moi, je le sais, que ce salut s'adresse !

D'ailleurs sa voix souffle à mon oreille : « T'en fais pas, c'est du cinéma ! Je t'ai fait une farce en te quittant, tu m'en as fait une autre en écrivant ton livre, mais ça n'a rien changé... Je t'aime, tu m'aimes. »

La lumière se rallume.

« Alors ?

– N'espère pas un mot de moi avant que j'aie pu boire un whisky sec ! Te rends-tu compte de ce que tu m'as fait ?...

» De ce que vous m'avez tous fait ! » dis-je en me retournant pour découvrir, dans notre dos, les sourires épanouis de la monteuse, de l'opérateur et de leurs assistants.

Peu importe ce que je ressens, ils le savent : c'est bon !

Ils travaillent au doublage et l'auditorium est plongé dans l'obscurité, ce qui fait que je n'aperçois que sa silhouette.

« C'est vrai que vous ne vous connaissez pas, Vincent et toi, dit la voix chaleureuse de Nadine que je suis retournée voir aux studios de Billancourt. Je vous présente : Vincent Perez... Madeleine... »

Contact de sa main dans le noir.

« Bonjour.

– Bonjour. »

Les voix des deux hommes, aussi, se ressemblent, comme je m'en étais aperçue à la première projection, puis au téléphone.

Car j'ai appelé l'acteur pour lui dire... Quoi au juste?... Bravo... Merci... Si vous saviez...

Rien, en somme, mon émotion.

Que pense-t-il, à présent?

Lorsque nous nous retrouvons au jour, marchant l'un à côté de l'autre le long des interminables corridors des studios qui conduisent à la cafétéria, j'ose à peine le regarder. J'ai peur de le troubler. Aussi de le décevoir.

Lui-même évite de me dévisager. Nous nous intimidons l'un l'autre et c'est normal. Il s'est mis

« dans la peau » de l'homme que j'ai tant aimé, il a tenté de lui ressembler « au plus près », voix, gestes, intonations. Il a lu et relu le livre pour s'imprégner du personnage, eu quelques idées personnelles – toutes bonnes – de mise en scène, car il tenait, comme il l'a dit, à ce que cet homme qui au premier abord peut paraître un salopard soit ce qu'il est en réalité, sympathique.

Et voilà qu'il me rencontre.

Au fond de lui-même, il a peur, maintenant, d'avoir trop bien travaillé, de s'être mis à trop ressembler à l'autre, et que j'aie le vertige.

Que je les confonde.

Mais je sais tout ça.

(« Vous savez tout, m'a dit l'agriculteur radiesthésiste avec qui j'ai passé hier l'après-midi, dans sa ferme. On se demande ce qu'on a à vous apprendre ! » Puis il a ajouté, son pendule à la main : « Posez-moi des questions sur ce que vous voulez savoir de plus. » J'ai bien réfléchi à ce qui me torture, en ce moment, la mort probable de ceux que j'aime, vieux, malades, ou tellement en danger, comme l'est Bernard, et j'ai répondu : « Rien ! » L'heure viendra à son heure, bien assez tôt. D'ici là je ne veux pas savoir. Le reste, l'argent, le succès, les voyages, quoi encore ? me touche peu. « Ça ne m'étonne pas, me dit l'homme, en m'envoyant un grand sourire affectueux. De toute façon, vous êtes protégée. – Par qui ? – Par des êtres de lumière... » Cela aussi, je le sais. Mais je ne sais pas l'essentiel : obtenir ce que je désire plus que tout, la survie de ceux que j'aime, parfois leur amour...)

Nous nous asseyons en face l'un de l'autre, au restaurant, et le regard de Vincent m'évite puis capte le mien.

C'est vrai que je pourrais m'y perdre, tant la

ressemblance est hallucinante. Pour me rendre mon équilibre, je me raisonne : « Il est beaucoup plus jeune que Bernard, à la limite il pourrait être son fils ! »

Mais le cœur en nous est hors du temps et n'a que faire de l'âge.

J'insiste quand même : « Quant à toi, tu pourrais être sa mère ! »

Ça ne change rien non plus ! Tous les petits-fils sont amoureux de leur grand-mère. (N'y en a-t-il pas un qui vient de violer la sienne, il y a trois semaines, les journaux en étaient pleins !)

Je n'ai plus qu'à me laisser aller à ce que je ressens. Cette chaleureuse tendresse où – il n'a rien à craindre – je ne le confonds pas avec l'autre.

Il est lui. Un jeune acteur de talent. Un type qui vient de faire un boulot formidable, qui n'en est pas tout à fait sûr, qui le pressent, qui a aimé le faire.

En connivence avec sa réalisatrice, le reste de l'équipe, et, aujourd'hui, enfin, moi.

Moi qui suis qui ou quoi, pour lui ?

Je ne peux m'empêcher de le taquiner – c'est une façon de prendre langue.

« De l'extérieur, c'est tout à fait ça, vous êtes lui. J'espère qu'il n'en est pas de même de l'intérieur ! »

Il proteste :

« Pourquoi dites-vous ça ? Cet homme est très bien ! »

J'aime que ce soit lui qui le défende, et face à moi !

Je me demande ce que Bernard en pensera, car il se rendra au cinéma, j'en suis sûre, afin de découvrir son remplaçant, son double. Le fils que nous n'avons pas eu ensemble! Qui revendique toutefois leur filiation imaginaire.

Quand je sors du studio et reprends ma voiture, dans cette chaleur estivale – demain je pars pour la Saintonge avec mon pauvre chien (sans compter l'autre poids, celui de *la* savoir si malade, mais je ne veux pas y penser avec trop d'angoisse, je sais qu'*elle* n'aimerait pas) –, je me dis qu'il vient tout de même de m'arriver quelque chose : ce jeune homme.

MA mère, alitée, ne quittait plus le deuxième étage de notre maison du Limousin, et nous étions sans cesse dans les escaliers : dormait-elle, avait-elle quelque besoin, de boire ? La canicule battait son plein et, certains après-midi, nous poussions sa chaise longue dans le couloir, là où l'obscurité, croyions-nous, maintenait un rien de fraîcheur.

C'était août, et nous n'attendions personne.

Soudain, un crissement de pneus, une portière qui claque, des pas pressés en direction de la maison. Je m'avance sur le pas de la porte voir de qui il peut bien s'agir.

Une femme un peu ronde, d'âge moyen, maquillée mais en larmes, trébuche sur ses talons hauts, en direction de la maison. Dès qu'elle m'aperçoit elle se dirige droit sur moi. Elle n'a pas de sac, mais serre à deux bras un livre sur sa poitrine.

« Il vient de me quitter ! » me jette-t-elle dans un souffle.

Son regard s'est accroché au mien et ne le lâche plus : je *dois* la comprendre.

Les témoins de la scène, groupés autour de moi, ne voient que l'intrusion. En particulier mon beau-fils – j'appelle ainsi les enfants de mon ex-mari –, un jeune homme de vingt-deux ans, qui tente de s'interposer et de reconduire gentiment la dame à sa voiture. Pour me protéger.

Mais j'ai compris.

« Laisse, lui dis-je. Venez, madame. »

J'entraîne la personne dans la cuisine et je l'invite à s'asseoir face à moi devant la longue table de bois recouverte d'une toile cirée.

« Il faut que je vous parle...

– Allez-y. »

Voyant que je l'accueille, elle prend conscience de l'incongruité de sa démarche.

« Pardonnez-moi, je vous dérange...

– Vous me dérangez, c'est vrai, mais je peux vous écouter quelques instants. »

C'est pour avoir si souvent entendu *Germaine* répondre à un coup de téléphone qui me semblait intempestif, ou l'avoir vue se faire aborder dans la rue par des inconnus en crise et avides de profiter de la rencontre, que j'ai appris (un peu) comment accueillir un importun.

Lui faire prendre conscience – sans brutalité – qu'il fait « irruption », que nous sommes deux individus différents, que je ne suis pas sa « mère », dont il peut disposer à son gré. Sinon, il en abusera sans profit pour personne.

Dans le même temps, lui faire sentir que je respecte sa souffrance.

« Etre reconnus dans leur dignité, m'a dit sœur Emmanuelle, dis-toi bien que c'est ce que désirent avant tout, avant même la nourriture, les affamés et les êtres en souffrance. »

(Elle l'a répété, devant moi, au ministre de l'Agriculture, François Guillaume, chez qui je l'ai accompagnée négocier l'envoi de stocks alimentaires au Caire. « Merci pour le don, monsieur le ministre, seulement mes sœurs et mes frères de là-bas n'aiment pas la charité. Ils voudraient pouvoir fournir quelque chose en échange. Ils fabriquent des objets, brodent des napperons, achetez-les ! »)

« Ça s'est passé exactement comme vous l'avez raconté là-dedans. »

Elle lâche enfin le livre et le pose sur la table. C'est *La Maison de Jade.*

Et elle commence, dans le désordre :

« C'est arrivé il y a trois jours. Elle m'a téléphoné : " Si vous avez un peu de fierté, vous devez rompre. Lui n'ose pas ! C'est à vous de prendre l'initiative ! " »

C'est ainsi, par l'autre femme, qu'elle a appris qu'il la trompait. « Il », son amant bien-aimé.

« Il est plus jeune que moi, comme l'était le vôtre ! »

Elle l'a rencontré il y a trois ans. Elle y a cru. De tout son cœur. Elle est divorcée. Elle vivait seule. Il avait tant besoin d'aide, de son aide. Au début, ça la gênait qu'il soit plus jeune qu'elle, et puis...

« Oui », dis-je.

Ils sont tellement convaincants quand ils vous veulent ! « Mais regarde-toi dans la glace, nous avons le même âge ! Ce que tu es belle ! Tu fais si jeune ! »

La femme se rassérène : sa douleur devient une « histoire », avec un début, un milieu, un déroulement. Elle s'aperçoit qu'elle peut la communiquer, que cela intéresse, qu'elle n'est pas jugée. Du coup, elle prend plaisir à trouver les mots justes.

Et, d'une voix plus tranquille, elle repart du début. Lui travaille dans les chemins de fer, ce qui fait qu'il va, qu'il vient... Comment se serait-elle doutée qu'il y en avait une autre « au bout de la ligne » ?

« Jusqu'à ce qu'elle soit au bout de votre ligne à vous !... »

Quand on n'est pas directement impliqué, on entend les répétitions, les mots qui se font des signes, on repère les coïncidences! Selon le degré d'émotion de mon interlocutrice, j'énonce ou je garde pour moi.

Car c'est loin d'être la première fois qu'on m'interpelle brutalement, pour me déposer sur les genoux une souffrance d'amour.

Ainsi cette femme, demeurée inconnue, l'autre jour, au téléphone. « Je n'en puis plus! » A quelque chose de trop nu dans la voix je comprends que c'est vrai, qu'elle est au bout du rouleau. Je laisse tomber ce que je faisais, tire une chaise près du téléphone, l'écoute démêler son écheveau.

Un soir, sans préavis, il est revenu en compagnie d'une autre et lui a demandé de vider les lieux, puisqu'elle habitait chez lui! Elle est partie sans même prendre sa valise, s'est réfugiée dans cette chambre d'auberge où elle s'est enfermée. Elle a trouvé mon numéro de téléphone dans l'annuaire. Elle avait lu *La Maison de Jade*... « C'est comme pour vous », me dit-elle. L'homme est aussi plus jeune qu'elle. Maintenant il la chasse. Alors qu'elle a tout quitté pour lui, son mari, ses enfants.

Je dresse l'oreille : elle a donc un mari!

« Votre mari sait-il ce qui vous arrive?

– Je ne le préviendrais pour rien au monde.

– Il ne veut plus de vous?

– Ça n'est pas ça, mais après ce que j'ai fait!

– Et les enfants?... Ils doivent vous attendre. Lui aussi, sans doute. »

Bref silence, puis elle reprend son antienne, mais sur un ton plus lointain : elle n'a pas le courage de descendre à la salle à manger, elle n'a rien mangé depuis deux jours, elle relit mon livre, c'est tout...

Je reviens au mari, je devine que pour l'instant

c'est sa seule chance. Peut-être divorceront-ils par la suite – mais même s'il doit l'injurier, la battre, il y a un endroit où on l'attend encore, où elle peut reprendre pied avec le réel, communiquer, parler. Comme elle cherche à le faire, sans me connaître, avec moi !

« Appelez-le...

– Non... (Silence.) Qu'est-ce que je lui dirais ? Non... »

Elle répète « non », mais elle a commencé à accepter l'idée qu'elle peut le faire.

« Vous lui direz que vous avez eu une aventure, vous n'êtes pas la première à qui ça arrive... Ça n'est pas grave, ni très important, la preuve, cela se termine...

– Mais j'ai tout lâché, je les ai abandonnés pour lui !

– Pas vraiment, ils sont toujours là. Eux aussi ont besoin de vous... »

Tout à coup, je la sens pressée de raccrocher – pour les appeler, sans doute. Est-elle retournée chez elle ? A-t-elle pu régler ses comptes ?

La femme assise en face de moi s'installe mieux sur sa chaise, sa voix s'affermit tandis qu'elle complète son histoire, d'autant plus dure à vivre que nous sommes à la campagne et que tout le monde est au courant.

Les gens n'ignorent pas que son amant l'a trompée avec une plus jeune et elle devine qu'au lieu de s'apitoyer ils sont en train de se réjouir, sinon de ricaner : « Elle n'a que ce qu'elle mérite ! » Ou : « Elle devait bien s'y attendre ! »

Ils ont mal encaissé de la voir parader au bras d'un jeune homme. En ce qui me concerne, les gens de mon âge – sauf *Germaine* – ont pour la plupart réagi ainsi.

C'est auprès des jeunes, une jeune fille, un jeune

homme, que je me suis le plus épanchée : pour eux, l'amour est l'amour et l'échec normal. Je sais trop ce que pensent les autres : « Encaisse et tais-toi ! »

Or, moi, quand j'ai mal, je le crie !

Au scandale de certains : « Je n'aime pas son livre ! Je trouve déplaisant qu'elle tire un fonds de commerce de son malheur ! » dit une consœur écrivain à un commentateur de FR 3, à Bordeaux, qui ne trouve rien de mieux que de me le répéter en direct à l'antenne !

Il refuse de me donner son nom, mais me demande de répondre.

« Sans doute juge-t-elle plus rentable d'exploiter le malheur d'autrui ! Il faut dire que le sujet est plus vaste et qu'on peut en tirer un plus grand nombre de tomes ! »

Il rit : il a réussi sa bataille de dames !

Nous savons pourtant nous entraider, nous, les femmes : c'est à cause de la vérité de mes mots que celle-ci est là devant moi.

A d'autres, qui m'écrivent pour m'exposer leur drame, je réponds : « Vous allez vous en sortir ! » Non sans motif : celles qui ont la force de se « raconter » sont, de ce fait même, sur le chemin de la guérison.

« Vous, vous avez de la chance, soupire ma visiteuse après s'être essuyé les yeux. Vous êtes capable d'écrire ! Ah, si je pouvais... »

C'est le refrain de mon courrier !

« Ecoutez, lui dis-je, vous aussi vous pouvez écrire !

– Mais non, c'est mauvais...

– Donc vous avez essayé !... Le problème n'est pas que ce soit bon ou non, c'est de mettre en mots... Je parie que vous lui écrivez des lettres ?

– Ça...

– Et pendant que vous les écrivez...
– C'est vrai, le temps passe plus vite! »
Germaine m'a appris à accepter mes impulsions, sur ce plan-là : « Je sais que j'ai tort de lui écrire, lui avais-je dit, mais je ne peux pas m'en empêcher! – Puisque ça te fait du bien à toi, qu'est-ce que ça peut faire, le reste? Continue. »
Il lui a fallu des années et des années de pratique sur l'humain pour découvrir que ce qui nous « tue », et aussi nous régénère, passe toujours par les mots.
Le pire qu'on puisse faire à quelqu'un, c'est de le censurer.
Mon beau-fils, viril et protecteur, entre soudain dans la pièce.
« Je viens te rappeler que tu as un rendez-vous... »
C'est un prétexte pour me libérer.
– Merci, dis-je en souriant au jeune homme. Je termine ma conversation avec Madame. »
La femme se redresse, un sourire éclaire son visage, je ne la traite pas en importune : nous avons une « conversation ».
Alors elle me donne son nom : patronyme d'abord, puis prénom.
Elle s'est identifiée. Là aussi, j'ai vu faire *Germaine* : quand la personne ne donne pas spontanément son nom, il faut le lui demander. Pour lui permettre de s'individuer, face à soi, sinon l'on trempe, ensemble, dans une soupe commune. Il n'y a pas « toi » et « moi », il n'y a même pas « nous », il y a « on ».
« Est-ce que je peux revenir vous voir? »
Je l'ai écoutée, mais, maintenant, elle et moi devons poursuivre notre chemin.
« Ça n'est pas mon métier de vous entendre, je suis écrivain et j'ai mon travail. Si vous éprouvez

vraiment l'envie de parler, il faut que vous vous adressiez à un psychiatre, un psychanalyste, que vous paierez. »

D'autant que l'analyse sauvage a ses écueils!

Une jeune femme à qui je tenais ce pertinent discours, me répond du tac au tac : « Justement, l'homme qui m'abandonne est psychiatre! » Il venait de la « plaquer », sans avertissement et sans ménagement! D'une façon totalement meurtrière.

A tout hasard, j'enchaîne : « Cela prouve que lui aussi devrait refaire une tranche d'analyse... »

L'expression soulagée de mon interlocutrice m'indique que j'ai touché juste : son amant devait, en plus, l'accabler de son « savoir » de thérapeute.

Je viens, sans le faire exprès, de lui donner la possibilité de reprendre son quant-à-soi.

« Souvent, sur le moment, je ne sais pas ce que je fais! » me dit *Germaine.*

La dame se lève d'elle-même, me demande si je veux bien signer son exemplaire de *La Maison de Jade.* Je mets : « En souvenir d'une rencontre. »

« Vous croyez que je vais me consoler?

– Vous allez voir! Et même, vous aimerez à nouveau. »

Elle remonte dans sa voiture, démarre.

« Ouf », me dit Franklin qui réapparaît, éblouissant de jeunesse dans son jean et son polo assorti à la couleur bleu-vert de ses yeux. Toutefois, je perçois une nuance d'inquiétude dans son regard : « Ça t'arrive souvent? »

Bien sûr, puisque j'ai écrit un roman d'amour...

GRANDE dévoreuse de feuilletons moi-même, j'ignorais les tempêtes que peut déchaîner un roman d'amour, avant d'en publier un. Pourtant, je ne l'avais ni souhaitée, ni voulue, cette expérience, et je ne m'en réjouis toujours pas.

La personne ayant accès à ma vie qui m'a le mieux comprise, à ce propos, c'est Maggy.

J'étais souvent allée dans son restaurant, avec l'homme que j'aimais, car j'en appréciais la chère exquise, ce poisson pêché du matin, cuit *al dente,* ces coquillages chauds, ce service courtois, silencieux et raffiné.

A chaque visite, je m'étais sentie attirée par la mince jeune femme qui assurait l'accueil, élégante et toujours tirée à quatre épingles, un maquillage de mannequin (en somme mon contraire !) et un langage surveillé de grande professionnelle de la réception.

Nous avions fini par nous tutoyer, une faveur qu'elle me faisait, mais il n'existait aucune intimité entre nous et nous n'échangions que quelques paroles de politesse.

Mon roman venait d'être publié, je renaissais lentement à la vie quand un ami attentif, pour tenter de me « nourrir », m'emmena, sans savoir ce que le lieu m'évoquait, dans ce restaurant où je n'étais pas retournée depuis le drame. Maggy n'était pas à l'entrée.

Nous avions à peine commandé que deux bras m'enlacèrent par-derrière, une bouche se rapprocha de mon oreille et une voix féminine murmura : « Bravo pour ton livre! Mais je suppose que tu aurais préféré ne pas avoir eu à l'écrire! »

C'était Maggy, le rouge à lèvres superbe, sa sombre chevelure impeccablement laquée. Comment cette femme si parfaite qu'elle en paraissait « fabriquée » pouvait-elle percevoir et exprimer avec tant de justesse ce qui se passait exactement en moi?

En dépit de la sympathie qu'elle m'inspirait, j'avais dû la sous-estimer : elle avait un cœur!

« Maggy, tu as raison! »

A-t-elle su à quel point?

La plupart des autres, intimes y compris, criaient à la revanche, comme en 14 : « Cela vaut la peine de souffrir un peu, non, pour récolter un tel succès? »

Et d'ajouter : « Tu dois être contente : quelle belle vengeance! »

D'autres – certains étaient les mêmes! – n'arrivaient pas à le digérer ce « scandaleux » succès! On ne raconte pas sa vie! On crève, mais on se tait, comme le loup de ce pauvre Vigny!

Que ne m'ont-ils aidée quand il en était temps!

Tout de suite après la rupture, je n'avais que cette idée en tête : me tuer!

Je l'ai tenté, puis souhaité tous les jours, pendant de si longs mois! Me promenant la nuit, avec le chien, sans protection. Personne n'aurait donc l'idée de m'attaquer et d'abréger mes souffrances?

Mais les gens sont illogiques. Contradictoires.

Ceux qui écumaient lorsqu'on leur parlait de mon livre l'avaient dévoré en secret! Certains souhaitaient l'avoir vécu! D'autres en profitaient pour pleurer à nouveau sur d'anciens chagrins d'amour qu'ils avaient étouffés dans l'ombre! Se comprenaient-ils mieux grâce à mes mots?

Arriver à verbaliser ce qui nous fait souffrir à notre insu, c'est cela, « s'humaniser ».

Lent et long travail qu'on ne fait pas tout seul.

Après avoir entendu *Germaine* à la radio, à la télévision, à des conférences, mettre en mots la plus muette des douleurs, celle des enfants qui ne parlent pas – proche de tout ce qui, en nous, continue de ne pas avoir accès à la parole –, j'ai eu besoin de me relier à elle.

Ma chance, c'est qu'elle m'ait acceptée.

Au premier rendez-vous, c'est sa rondeur qui m'a saisie, alliée à sa rapidité de mouvement. Elle « boulait » dans ses couloirs. « Moi, je suis moteur, disait-elle, j'ai besoin de bouger. »

Mais son ouverture à la douleur est très exactement sans limites.

Ecoutant la part de souffrance en moi qui n'avait pas encore trouvé ses mots, *Germaine* ne bouge plus du tout, respire à peine.

Moi, je suis dans les pleurs, la gorge si nouée que je ne parviens pas à articuler une seule syllabe. Je sens que cet état est définitif, je ne pourrai jamais retrouver la parole, parler fait trop mal!

Son regard, à travers ses lunettes, me considère avec une totale tranquillité, j'en conclus que nous avons tout le temps du monde, l'éternité est devant nous. Et il ne m'en faut pas moins.

D'ailleurs, elle me le dit :

« Prends ton temps. »

Personne ne m'a jamais fait sentir que j'ai du temps qui m'appartient et que j'ai droit à mon temps! Du coup, je m'installe autrement, sors un mouchoir, me mouche, regarde le bout de tapis à mes pieds, ne pense plus à rien.

Puisqu'on n'est pas pressées, n'est-ce pas, puisqu'elle l'a dit!

Surtout, elle ne me « chasse » pas. A croire que tout le monde, autour de moi, n'a jamais fait que me poursuivre!

Que je n'ai jamais été que ça : gibier!

Soudain un tout premier mot se fait jour. Et c'est moi qui l'ai prononcé!

Un mot qui a eu bien du mal à venir, et sonne gauche, rauque. Un peu comme si, pour la première fois de ma vie, je disais « Maman »!

Que c'est bête d'être aussi enfantine!

Mais *Germaine* ne se moque pas, elle accueille mon mot, lui donne tout son sens. Du coup je m'aperçois qu'il en a plein!

Cela me rassure, je ne suis pas autant dans la débilité que je le croyais, je passe d'une fesse sur l'autre pour mieux me poser sur ma chaise – à croire que j'ai à peine dix ans, peut-être moins... –, ma gorge se desserre, j'arrive à reprendre de l'air, ma voix se raffermit, et c'est une phrase complète qui s'articule, puis une autre.

Enfin tout vient.

Ma douleur se dit et je l'entends. Ainsi c'était ça? Pourquoi est-ce que je n'y parvenais pas?

Au-delà d'elle, par la fenêtre, je m'aperçois maintenant que je vois les branches du jardin.

Au-delà d'elle, je découvre un bout du ciel, qui, bleu ou nuageux, ouvre sur l'immensité. L'éternel.

Au-delà d'elle, je comprends qu'il y a tous les autres.

Une seule fois, elle m'a dit : « Va-t'en, j'ai besoin de dormir. »

Le lendemain matin, à l'aube, elle me téléphone :

« Pardonne-moi, mais tu souffrais trop! Je ne pouvais plus! J'ai préféré dormir et te rejoindre dans le sommeil.

– Je sais! C'est ce que je me suis dit sur le chemin du retour! J'ai dormi, moi aussi, et ça va mieux. »

Non, elle ne m'avait pas « lâchée » – *Germaine* ne lâche personne –, elle m'avait accompagnée de tout son être dans ce qui pour moi était alors l'indicible.

L'est moins.

Grâce à la force de son silence.

Le surlendemain du jour où je lui déposai mon livre – nul n'en prévoyait encore le destin –, *Germaine* m'écrit : « *Bravo, Madeleine, pour ton beau roman. Très serein, captivant je pense, même pour ceux qui n'ont pas été témoins de ces années d'épreuve et de transformation de toi-même. Je l'ai lu d'une traite, ce dimanche. Je ne me reconnais pas bien dans* Germaine, *mais je pense que c'est tout à fait normal. Je te félicite fort. Je t'embrasse.* »

(Plus tard, elle me dira : « Moi, je ne me rends pas bien compte, mais tellement de gens me disent : " *Germaine,* dans le roman c'est vous, je vous ai bien reconnue ", il doit y avoir de ça ! »)

Quelque temps après, je lui fais part de ma perplexité :

« Tu sais, mon roman, eh bien, il marche ! Peux-tu m'expliquer pourquoi ? »

Elle réfléchit. En un centième de seconde, la voilà loin ! Partout ! Sa peau semble si fine que j'ai le sentiment qu'elle ne fait pas barrage. (Pas assez pour sa propre sécurité.) Mon envie de la protéger, fût-ce contre moi, fait d'ailleurs que je me permets à peine de la toucher – contrairement aux enfants qui, eux, ne se gênent pas! – juste un baiser sur la joue quand on se retrouve ou se quitte.

L'autre jour, elle était dans son lit – cela fait peu de temps que je suis entrée pour la première fois dans sa chambre, l'ai vue couchée – et, craignant d'abuser de sa faiblesse, je lui demande :

« Est-ce que je peux t'embrasser? »

Grosse voix :

« Bien sûr! »

Personne ne sait rassurer ni encourager comme elle. Donner le sentiment qu'on est dans le bon. Le vivant.

Ce jour-là, elle prend son temps, puis, d'un seul coup, sort sa pensée :

« Je pense que tu as mis des mots sur une souffrance qui n'en avait pas. Du coup, les femmes sont soulagées, elles peuvent se " dire ", à elles-mêmes, aux autres... Et du moment qu'il y a des mots, ça fait moins mal.

– Je comprends. »

Fini pour la « critique » de mon livre, les autres peuvent en penser ou dire ce qu'ils veulent, il a, pour moi, trouvé sa place.

C'est une femme, une correctrice, qui l'avait lu la première en entier.

Le livre devait sortir en septembre et nous étions – là aussi – au mois d'août. Je me trouvais avec Maman dans notre maison du Limousin. La pauvre chérie pouvait encore monter les escaliers et ça n'était pas un mince souci que d'épier ses allées et venues dans ce colimaçon de granit, où, heureusement, elle avait eu l'idée de faire installer une rampe en fer forgé.

Le téléphone en main, dictant mes corrections ou écoutant celles que me proposait mon interlocutrice, férue de grammaire et de perfection syntaxique, je gardais l'oreille perpétuellement tendue vers l'escalier.

J'aurais dû rentrer à Paris et accomplir le travail sur place, mais qui aurait gardé Maman ? Parfois, je lâchais l'appareil pour courir la soutenir ou la ramener dans sa chambre. Couché à mes pieds, Bonhomme levait vers moi un œil perplexe, décidément, je n'étais qu'une pelote de nerfs ! L'agitée du bocal !

Puis je retournais à ma tâche, qui consistait à discuter de l'emplacement d'une virgule, de l'emploi d'un temps de verbe, ou de la propriété d'un mot.

Ce qui domine alors, c'est la courtoisie, car aucune des parties au travail ne tient à laisser entendre à l'autre qu'elle pourrait se tromper ! Un correcteur, avoir tort ? Pas possible ! Un auteur ? Encore moins !

« Je me permets de vous signaler, disait la voix posée, que la tournure usuelle n'est pas celle-là, toutefois la vôtre n'est pas incorrecte.

– Alors laissons. Je préfère.

– Je pense comme vous, mais je me devais de vous rappeler la règle. »

C'est par référence au manuel que corrigent les correcteurs et c'est à l'oreille qu'écrivent les écrivains.

Là encore, j'avais obéi à ma musique intérieure et c'était elle que j'entendais lorsque je tentais de me relire.

Qu'avais-je écrit, en vérité ?

Par manque de « lecteurs », je n'en savais rien. L'éditeur avait accepté de publier le manuscrit, mais il n'en avait lu que les deux tiers. Les derniers chapitres étaient allés droit à la fabrication.

C'est que nous étions en août, mois – comme chacun sait – où les têtes directrices sont en vacances et mes derniers feuillets, rédigés dans l'urgence, n'avaient été revus par personne.

Sauf par la correctrice.

L'expérience m'avait appris que les correcteurs se gardent bien de se laisser porter par un texte sur lequel ils travaillent. Pour rester attentif aux incorrections, aux erreurs typographiques, mastics, oublis, maculations, non-respect de l'interlignage, enfin aux mille et un défauts que présente un ouvrage au stade des premières épreuves, et afin de mieux les éliminer – tâche minutieuse dont un lecteur habitué aux bonnes maisons ne se doute même pas – il ne faut pas *lire*!

C'est donc d'une voix sans émotion – et comme si elle ne savait pas qu'il s'agissait d'un arrache-tripes – que « ma » correctrice soumettait ses corrections à ma décision! Si, en tant qu'auteur, je tenais à maintenir la « faute » dont elle m'avait avertie, c'était mon droit! (Céline aimait à se plaindre de la censure des correcteurs! C'est mal définir leur effort d'assimilation face à un style comme le sien, sans précédent!)

Ces coups de fil quotidiens duraient des heures. (Ma sœur, indifférente à l'enjeu, n'apprécia guère ce qu'elle taxa de bavardage, quand arriva la note de téléphone...)

Le nez sur mes épreuves étalées à même le sol, l'écouteur d'une main, le crayon de l'autre, je ne pouvais m'empêcher d'épier dans la voix de cette femme quelque chose qui eût ressemblé à du sentiment.

Mais elle restait impavide, même au cours de l'analyse de certaines phrases qu'à la relecture je trouvais, pour mon compte, insoutenables!

« Comment désirez-vous qu'on écrive " jade "? Avec une minuscule ou une majuscule? »

C'est à notre tout dernier coup de téléphone, et

après qu'elle m'eut déclaré : « Bon, eh bien, je pense que cette fois c'est fini, je remets le tout ce soir à la fabrication avec mon bon à tirer, puisque vous m'avez donné le vôtre », que j'ose un timide : « J'imagine, madame, que vous n'avez pas eu le temps de *lire* mon livre... »

Silence.

Puis, d'une voix changée :

« D'habitude je ne *lis* pas, mais là je n'ai pas pu m'en empêcher... »

On eût dit qu'elle s'en excusait !

« Ah !... Et alors ?

– Eh bien j'ai trouvé ça... vivifiant ! »

Si je m'attendais !

« Vivifiant ?

– Oui, tonique. Ça donne envie de vivre... »

Et moi qui croyais avoir écrit le roman du désespoir, de l'autodestruction et du malheur !

Germaine a raison : le temps qu'on agit sur autrui, on ne sait pas ce qu'on fait !

EST-CE les cloches de la cathédrale Saint-Pierre ou les nombreux carillons de la maison, en premier celui de l'entrée, relayé par celui de la cuisine, repris par celui du salon, de la salle à manger et, à nouveau, par la pendule à poids du couloir, qui sonne deux fois l'heure et sa demie, prenant sauvagement la cage de l'escalier pour caisse de résonance, qui, chaque matin, me réveillent ?

Mon père se charge avec assiduité de l'entretien et du remontage de toutes les horloges de la maison et mon premier soin, lorsque je débarque, est d'arrêter le balancier de celle de ma chambre, sinon adieu sommeil !

Pour les autres, je m'habitue. Ainsi je ne les entends plus sonner au cours de la nuit, pas même la sixième heure, longuement battante, et il n'y a que la septième pour me tirer de l'inconscience. (Celle où je suis née, il est vrai.)

Ma première pensée est alors pour lui, étendu au pied de mon lit. Pour ménager son cœur, je lui ai appris à se coucher sur le côté droit et, désormais, il n'y manque pas.

« Ça va, le chien ? »

Façon de nous différencier et de nous unir : nous

participons du même mammifériat, mais chacun à sa place, moi plus haut, lui plus bas.

Il le sait et quand il veut me taquiner, jouer « au petit chien », il profite de ce que je suis occupée à ma toilette pour aller se lover à la tête du lit, sur mon oreiller. Quand je vais pour me coucher et que je découvre le forfait, il prend faussement l'air coupable, oreilles basses, œil implorant, queue rentrée : il sait que je vais le gronder et le remettre à son rang, par la voix et aussi en le délogeant sans ménagement. « Toi, c'est là-bas, ici, c'est moi ! » Mais il doit apprécier ce reclassement puisqu'il recommence ! C'est l'un de nos jeux.

Il en existe d'autres, entre nous, et c'est le chien, pour la plupart, qui les invente. Moi je ne suis joueuse qu'en paroles, lancer une balle m'agace vite, mais pour trouver des mots, de tendresse ou de rigolade, raconter, en variant les intonations, des histoires à rebondissements, alors, là, je me révèle imbattable !

Quand il y avait Bernard, le chien – qui connaissait la violence de son maître – n'aurait jamais bougé le premier. Mais dès que je m'étais levée, après avoir quêté mon avis de l'œil, et si je l'y autorisais, il sautait sur le dormeur, pattes jointes ! Foulant, mordillant, puis lui léchant le visage, dans une allégresse dont le souvenir me fait encore mal : elle exprimait la mienne et elle est terminée.

Pour la forme, Bernard s'enfouissait plus profond sous les draps, tentait de repousser l'assaillant, puis, comme il était l'heure et qu'il le savait, il finissait par accepter la bataille et il envoyait l'animal bouler au bout du lit.

Le chien revenait à la charge, et c'était une joie mélancolique, pour moi qui n'ai pas eu d'enfants, d'assister à ces jeux d'éveil qui devaient évoquer, dans mon atavisme femelle, ce qui se passe chez un père qui, pour l'éduquer, impose sa force à l'enfant mâle cherchant à le défier.

Ris, jeux, tout s'est enfui.

Avec moi, le chien ne s'est jamais livré à ce genre de « sport », même avant d'être affaibli par la maladie. Est-ce parce qu'à ses yeux je ne suis qu'une femme ?

Je vois bien comment il se comporte avec les jeunes hommes, Franklin, Edouard, Stéphane, Ulysse. Dès que l'un pénètre chez moi, aussitôt le cabot reprend du poil de la bête, apporte sa balle, aboie, demande à sortir et roule, si je puis dire, des mécaniques !

« Mais Lulu va très bien ! répète Franklin, qui ne l'avait pas vu depuis longtemps. Pourquoi dis-tu qu'il est malade ? »

Mon père également m'adore – c'est « ma fille adorée » par-ci, « ma fille bien-aimée » par-là – mais que survienne un neveu, un cousin, ou l'un de ces jeunes gens et il n'est plus le même ! Nœud pap en bataille, incisives et cannes en avant, le voici redevenu chef de meute : il faut leur montrer la ville, escalader les Arènes, descendre au creux des fontaines romaines, rouler vers les églises de Rioux, d'Aulnay, de Rétaud, les anciens ports de la Charente, la lanterne des morts de Fenioux, aller s'accouder à la terrasse de Taillebourg, manger des huîtres à Marennes, déguster des glaces à Pontaillac et, le soir venu, déboucher le dernier cadeau de l'un de ses vieux amis distillateurs, un cognac tiré du fût et millésimé 1896. *Sa Majhesté le Cougna !*

« Goûtez-moi ça, du velours ! Madeleine, apporte les verres... »

Je n'en mets pas pour moi, car je ne participe pas à la dégustation, mais personne ne s'en aperçoit !

Bernard, plus qu'un autre, avait su s'introduire dans l'intimité du goût de vivre de mon père. Et, plus qu'un autre, mon père le regrette.

« Pauvre chien, dit-il en flattant Bonhomme, tu as perdu ton maître ! »

Comme si c'était la faute à personne ! A moi, peut-être...

Alors j'écris.

J'écris dès la septième heure des phrases que, les yeux clos, je découvre toutes formées dans ma tête et me lève pour transcrire. Si j'ai un livre en train, les chapitres, à cette heure si proche encore de l'inconscience, m'apparaissent bâtis d'avance. Ma tâche est seulement de noter sur-le-champ, comme on le fait des rêves qu'autrement l'on oublie.

Dans la rue aussi, le livre se poursuit, ruisseau de mots qui m'accompagne au long des rues, et dont les maisons, le fleuve, les monuments, les arbres bordent le cours.

« Vous avez de la chance, vous savez écrire ! » se lamentent mes correspondantes.

Mais non, je ne sais pas, je laisse aller.

« Tout mon travail, dis-je à Gilles, le radiesthésiste, est de ne pas empêcher les choses de se faire ! » Il sourit, avec un amusement mêlé de tendresse : « Donc, ça aussi vous le savez ? »

Soudain je me dis que tel est son « don » à lui : veiller à ce que les forces de vie ne soient pas arrêtées dans leur trajectoire.

L'univers n'est que mouvement, déplacement, course de galaxies, d'astres et d'atomes. La vaste pendule qui règle notre existence ne s'arrête jamais, tandis qu'en cadence sonne l'heure. Parfois nous voulons stopper son balancier.

Ça n'est pas raisonnable.

« Quand on est deux, me dit mon père, il y en a

forcément un qui va se retrouver seul ! Il n'y a pas à sortir de là ! »

On cherche ensuite à se cramponner au souvenir de l'amour perdu. (Je connais !)

Mais les fleuves emportent vers la mer même les arbres morts.

« Garde les mots, lâche les choses ! » insiste *Germaine*.

Je vois bien ce qu'elle veut dire. Reste que j'aime encore tellement de « choses » – à commencer par elle – d'un amour si singulièrement possessif.

Est-ce la possession qui fait mal ? Ou l'amour ?

« Franchement, je trouve ce que vous avez écrit une abomination ! D'une totale insensibilité ! Je préfère vous dire la vérité, je déteste votre roman ! »

Mon cœur se met à cogner à grands coups dans ma poitrine, je m'attendais si peu à une telle sortie ! Cela se passe en Suisse, dans un café où je viens tout juste de m'asseoir, avec l'intervieweuse à mes côtés. Le chien est blotti sous la table, et Stéphane, qui a accepté de m'accompagner, nous fait face.

« Cela ne te gêne pas, m'a-t-il dit, que j'assiste à votre entretien ?

– Je n'ai de secrets pour personne. En plus, tu pourras prendre le relais, si je flanche, et donner ton avis, tu connais le sujet tout autant que moi ! Je me sens si fatiguée, aujourd'hui. »

C'était un jour où je n'avais pas mes forces. Mais ce voyage à Genève était projeté depuis longtemps, rendez-vous pris avec la radio, la télévision, un hebdomadaire féminin, un grand quotidien. Il n'était pas question de faire faux bond. D'autant que cette tâche – qu'on appelle vulgairement l'après-vente – n'a pas qu'un intérêt commercial :

elle sert à créer des liens, prolonger par la parole l'impact de l'écrit.

De nos jours, les lecteurs – de plus en plus désireux de juger par eux-mêmes – éprouvent le besoin de savoir qui se trouve derrière une publication. En somme, s'ils peuvent faire confiance à l'émetteur du message. Quelqu'un de responsable, de pas trop frimeur, d'un genre qui les touche, les surprend, les amuse ?

Dans quel « panier » me range-t-on ? Je suis mal placée pour le savoir, mais à Reims, à Toulouse, à Grenoble, à Bordeaux, à Limoges, à La Rochelle, Milan, Montpellier, Brive, mes entretiens avec les journalistes – pour la plupart des femmes – se sont révélés extrêmement chaleureux.

Ces femmes m'abordent avec une netteté et une fermeté hautement professionnelles qui me font répondre à leurs questions. Surtout – et c'est à cela que je me prépare avant chaque rendez-vous – je veux leur dire la vérité. Comment je vois les choses et surtout comment je les ressens.

Car plus j'avance en moi, moins j'y trouve la nécessité de taire quoi que ce soit. Qu'est-ce que ça peut faire qu'on sache comment je vis ou qui je suis ?

Ce que je vais dire peut paraître énorme : depuis que je ne suis plus à personne, j'ai l'impression que je ne m'appartiens plus ! On n'a de secrets que de couple, de corps, et de sexe. Sur le sujet de l'amour physique, je suis restée et resterai muette (d'après Lacan la sexualité ne se met pas en mots, d'où sans doute tout le bruit fait autour !), autrement, parler de moi ne me gêne en rien.

Au contraire, cela m'intéresse, car plus je me livre et plus je trouve d'écho chez mes interlocuteurs (femmes ou hommes). A croire que nous sommes tous bâtis sur le même modèle! (Cela rassure.)

Au bout de quelques instants, les voilà qui changent de ton, les belles journalistes, décroisent les jambes, posent leur crayon, stoppent parfois leur magnétophone, et passent, à leur tour, à l'aveu. Au véritable échange. Que d'envoyées de petits ou grands journaux, reçues pour une demi-heure, sont restées trois heures!

Nous avions tout à nous dire, brusquement : leur histoire et la mienne s'entrecroisant dans l'amour, les hommes, les enfants, la douceur et la douleur de vivre. Leur métier aussi, qui fut le mien et que je pratique encore à l'occasion.

Fondé sur la passion de la rencontre!

Car on ne se fait pas journaliste si l'on n'a pas quelque chose à quérir chez autrui. On ignore à l'avance ce qu'il sera mais flaire déjà qu'il nous concerne au plus vif! A mes premiers rendez-vous avec les écrivains une question – jamais posée – m'obsédait : « Pourquoi écrivez-vous, à quoi ça sert d'écrire? » Elle aurait révélé ce que je me refusais à reconnaître : mon propre désir de prendre comme eux le parti de l'exil!

Ces jeunes femmes sont journalistes, mais toutes se demandent en secret si elles endosseront ou non l'habit d'écriture et elles se renseignent discrètement sur la règle non écrite qui régit notre ordre!

Nous passons donc un grand moment à nous découvrir à la fois si proches, si semblables, et si différentes.

Comme elles auraient tendance à m'accorder un brin d'avance, au début elles me manifestent quelque considération. Mais, vite, au ton de ma voix, aux interrogations que je pose, à ma façon de les précipiter avec moi contre le mur de l'inconnaissable, elles découvrent, comme je l'ai appris avec *Germaine*, que face au mystère de la vie nous sommes tous et toutes à égalité.

Alors, pourquoi celle-ci m'agresse-t-elle ?

Il fait chaud, nous arrivons en fin d'après-midi et c'est mon dernier rendez-vous. Bientôt il sera l'heure de reprendre le train. J'y songe déjà car je me suis levée tôt, poussant hors du lit un Bonhomme ennemi du trop matinal.

Récemment, je l'ai laissé une journée à Paris – afin de lui épargner un aller et retour à Grenoble – pour apprendre à mon retour qu'il s'est refusé à manger, ce qui n'est rien, mais aussi à descendre faire pipi. Ressentait-il déjà les atteintes de la maladie, d'où son besoin de ma présence à temps complet ?

Comme il marche encore très bien et que je n'ai pas vraiment remarqué d'affaiblissement de son côté, juste un peu de lassitude – mais qui n'en éprouve à la fin de l'hiver ? –, j'ai, cette fois, décidé de l'emmener avec moi. (Désormais, quand j'écris, il se donne le mal de regrimper en soufflant les deux étages, pour s'affaler non loin, ayant besoin, je crois, d'entendre le bruit des touches du clavier qui doit signifier pour ses oreilles que l'ordinaire de la vie continue !)

L'éditeur, très déférent avec lui, a pris son billet en première comme le mien. Mais c'est moi qui ai payé celui de Stéphane, puisque j'ai sollicité sa présence : « Rends-moi le service de m'accompagner à Genève, s'il te plaît, nous serons deux pour faire face à tous les détails d'horaire que nécessite un voyage " serré ", trouver un taxi, faire du change, être exact aux rendez-vous. Et puis, surtout, tu t'occuperas de Bonhomme. »

Stéphane accepte d'emblée. Sans doute sait-il que si je demande quelque chose, c'est que, d'une certaine façon, je ne peux faire autrement. Du coup, la corvée de déplacement s'en trouve singulièrement allégée.

A l'aller, j'ai même dormi, fait des mots fléchés, puis discuté le coup avec ce jeune homme qui veut être journaliste, l'est déjà. Il a le goût inné du reportage. Une façon de vivre sur deux temps, la première fois en direct, puis une deuxième fois par la mémoire. La seconde fois – pour qui est journaliste – se révélant plus « vraie » que la première...

Car un journaliste – il y en eut d'immenses, Chateaubriand, Hugo, Malraux, Mauriac, et il en existe encore quelques-uns (mais ils ont toujours été rares), J.-J. S.-S., Philippe Labro, Jean Lacouture, Patrick Poivre d'Arvor, – est capable de revivre au présent, tout auréolé par la brume de l'actualité naissante, un événement vieux de vingt ans et plus.

Stéphane n'en ayant que dix-neuf, son « recul » n'a pas cette taille, mais je l'observe et devine que cela viendra.

« Un jour, me dit-il en riant, je raconterai ce que je sais de toi !

– C'est ça, mon chéri, enregistre, enregistre... Tu en tireras peut-être quelques sous, après ma mort ! »

C'est dans les jupes de sœur Emmanuelle – il avait dix-sept ans – que je l'ai découvert. Auprès de cette femme de cœur, d'intelligence et de passion, le lycéen faisait déjà du « reportage ».

A Genève – grâce au TGV, il n'est que dix heures et demie – nos premiers rendez-vous se passent le mieux du monde ! On m'accueille courtoisement et même on me fête, Bonhomme aussi.

Le chien, à sa manière, fait partie de l'œuvre. Il en est l'un des personnages. Mais il m'a fallu du temps pour m'apercevoir que si je l'ai prénommé « Bonhomme », c'est qu'il est peut-être, à tout bien considérer, le seul « homme » *bon* de *La Maison de Jade*. (Ce sont là blagues d'inconscient!)

Nous déjeunons au soleil, en compagnie d'une femme expérimentée et charmante, qui, elle aussi, une fois ses notes prises, entreprend de me raconter « sa » vie. C'est beau, la vie des autres en raccourci. Peines et joies mélangées, tristesse, mélancolie, chagrin, regret, puis ce grand sourire de l'être qui, tous comptes faits – puisqu'il est là, devant vous –, continue.

Stéphane ne dit rien. Il écoute. Curieux privilège, me dis-je, pour un garçon très jeune, que d'entrer à ce point dans l'intimité des femmes entre elles. Qu'en tirera-t-il?

Pour hâter le dernier rendez-vous, et parce que Bonhomme a besoin de se dégourdir les pattes avant de remonter dans le train, nous allons jusqu'à l'immeuble du journal, à la rencontre de ma dernière intervieweuse.

Dès qu'elle apparaît, réclamée par la standardiste, je note – sans m'y arrêter – son air froid et distant, presque revêche.

Après tout, je suis venue la chercher au lieu de l'attendre au café, lieu de notre rendez-vous! Nous y retournons et, sur le trajet, je lui dis mon plaisir de me retrouver, fût-ce pour quelques heures, à Genève, et les raisons pour lesquelles j'ai emmené le chien, qui zigzague, trop requis par les odeurs, et se fourre dans nos jambes.

En somme, détendue – j'ai été si bien accueillie jusque-là –, je la traite en amie.

A peine sommes-nous assises qu'elle appelle le garçon, commande, comme pour s'en débarrasser, puis... attaque! Au lance-flammes!

Saisie, je n'en crois pas mes oreilles : à quoi

joue-t-elle? Je suis son hôte, l'aurait-elle oublié? Mais mon cœur m'a déjà renseignée : on me hait, on veut ma mort, et il bat la chamade...

Je tente un mot, puis un autre, rien à faire, tout est pourfendu. J'ai tort, à ses yeux, et sur toute la ligne! Jamais je n'aurais dû écrire ce livre...

(En voilà une qui sait manier la censure!)

« Pour tout vous dire, j'ai demandé comme une faveur à mon rédacteur en chef de ne pas venir à ce rendez-vous, mais il l'a exigé. Alors je suis là, croyez bien que je n'en ai pas envie! »

Service commandé, comme à l'armée!

Je m'aperçois soudain qu'elle est en tailleur, d'un beige presque kaki, le cheveu blond et lisse, le regard fixe, plate comme ses souliers. Malgré moi l'image me revient : les souris grises! La guerre... l'Occupation... Elle a d'ailleurs le parler rauque de certains Helvètes, leurs intonations germaniques. Est-ce à cause de mes mauvais souvenirs d'adolescence que, la gorge nouée, j'ai tellement envie de pleurer?

Bonhomme, sous la table, vient se coller contre ma jambe. C'est sa façon de m'assurer de son soutien, et, une fois de plus, je me demande comment il « sait ».

« Qu'avez-vous à répondre? » me jette-t-elle tandis que le garçon apporte les consommations.

Je hoche la tête, c'est tout ce que je peux faire, je ne vais tout de même pas laisser couler mes larmes devant cette « vilaine », comme nous disions en classe, des professeurs qui tentaient de nous humilier en nous rendant nos devoirs.

Car c'est bien ce qu'elle fait : elle me flanque ma copie à la figure! Avec un zéro!

Curieuse conception du journalisme! Même si je n'aime pas un livre, j'aime l'homme ou la femme qui l'a écrit, et cela du seul fait qu'il est écrivain.

C'est si dur d'écrire, de publier. On est si exposé, si nu, si misérable...

Comme je comprends Michaux, Beckett, Blanchot, qui n'ont jamais voulu me recevoir, ni d'ailleurs personne. Pour ne pas se retrouver ainsi, foulés aux pieds.

C'est que nous sommes sans défense dès que nous n'avons plus la plume à la main!

Veut-on nous piétiner, c'est facile! Avec quoi se protégerait-on?... Un livre, un roman ne se discutent pas. C'est ville ouverte. Violez si vous voulez, faites les sauvages, les pilleurs, les incendiaires... Les téléspectateurs des émissions littéraires en ont vu, de ces écrivains muets, la gorge nouée, les larmes aux yeux, tout de suite confondus par une réserve, un jugement, un reproche, ou, simplement, du seul fait qu'ils sont sur un plateau – l'éditeur l'exige! – face à un aréopage qui prend des allures de tribunal.

Certes, je ne suis pas le premier écrivain à me faire « éreinter en face », mais, pour moi, c'est la première fois!

Juste au moment où je me désespère, voici qu'arrive le renfort!

En la personne de Stéphane.

Après, il me dira : « Tu sais, j'ai été obligé de mettre mes mains sous la table pour que ça ne se voie pas, à quel point je tremblais! Quelle violence chez cette femme! »

Mais cela ne s'est pas vu. D'une voix qui a l'avantage d'être basse, le jeune homme interrompt le discours dévastateur.

« Madame, je suis moi-même journaliste, je fais des interviews et je peux vous dire que ce n'est pas comme ça qu'on s'adresse à un écrivain...

– N'ai-je pas raison de dire la vérité? Moi, je dis toujours la vérité, cela peut rendre service. Vous n'avez pas envie de vous corriger? dit-elle en se tournant vers moi.

– Non, dis-je, retrouvant soudain ma voix devant cette proposition à tous égards scandaleuse. Je considère que je n'ai pas un mot à changer à ce que j'ai publié.

– Ah, ah, vous vous jugez parfaite? »

Cette fois, j'ai envie de sourire : l'école, encore, et ses ravages!

Mais Stéphane reprend les dés : d'une voix sûre il explique l'inexplicable. Chaque écrivain est différent, ce sont ces différences qui font la richesse de la littérature, tout lecteur a le droit de ne pas aimer, et même de critiquer, mais s'en prendre directement à la personne, comme le fait cette fille en me taxant d'« insensibilité », est inadmissible.

Alors, parce qu'il est homme – par quelle intuition l'ai-je emmené avec moi? –, la femme en gris tente de faire machine arrière : après tout, elle ne voulait pas venir, c'est son chef le coupable, qui l'y a obligée! Et si on parlait d'autre chose?

« Non, dis-je, en me levant. Je n'en ai pas envie. »

C'est vrai, elle est la première journaliste avec qui je n'ai rien en commun.

Bonhomme, debout lui aussi, tire sur sa laisse.

Je sens qu'elle se vexe, c'est qu'elle se croyait au-dessus de tout reproche et même digne de félicitations : n'a-t-elle pas eu le courage de dire en face sa « vérité » à l'une de ces romancières françaises qui se croient tout permis, même d'exhiber leur vie intime?

« Eh bien, allez faire le tour du lac! » nous jette-t-elle avec dépit.

Dieu sait si j'aime le lac de Genève, mais mes jambes reprennent d'elles-mêmes la direction de la gare et du premier train en partance pour Paris.

Le chien et le jeune homme sont tout aussi pressés d'y grimper que moi. Il nous fallut le trajet entier pour nous rasséréner.

L'article a paru, mais mon éditeur m'a déconseillé de le lire.

Comme il n'entend pas très bien, il m'adresse la parole à voix forte, sans se rendre compte que je suis au téléphone.

« Qu'est-ce que tu en penses, comment me trouves-tu ? »

Il a mis son costume d'été le plus clair, chemise blanche, cravate rayée rose et bleu, celle que je lui ai offerte en juillet, pour son anniversaire. Très droit, pour ses quatre-vingt-treize ans, décorations à la boutonnière, les cheveux plaqués, le teint frais, il est – il le sait – superbe !

Il insiste : « Est-ce que je te plais ? »

Je mets la main sur l'écouteur :

« Papa, tu es superbe !

– Bon, eh bien, maintenant, je les attends ! Ils vont arriver ! »

En fait, il bout !

C'est qu'il se rend à son grand déjeuner de la Cagouille. Une cagouille, en Charente, c'est un escargot. Les Français de notre province ne se contentent pas de manger les visqueuses petites bêtes à cornes, ils s'en attribuent les qualités !

Se désignant comme les cagouillards, ces notables charentais se félicitent de leur propension à... la lenteur ! Ici, on prend son temps ! Pour vivre, pour manger, pour communiquer – copieusement – avec son prochain. C'est un art et une réjouissance.

« Non, non, je ne rentrerai pas trop tard, je me ferai reconduire tout de suite après le déjeuner, ne t'en fais pas... »

(Il est revenu à cinq heures, café juste bu!)

A l'autre bout du fil, mon interlocuteur s'impatiente :

« Allô! Allô... »

Lui n'est pas cagouillard! En six semaines, il a fait Tokyo, Kyoto, Singapour, et, dès le lendemain de son retour, rédige ses impressions.

Elles sont neuves – et dures. Les Asiatiques aussi sont loin d'être cagouillards : depuis Hiroshima et la fin du conflit mondial, ils emploient toute leur énergie à gagner... la paix. C'est-à-dire la conquête industrielle, économique, financière, mais d'abord intellectuelle, qu'ils sont en train de remporter haut la main.

« Tu te rends compte, désormais les dix plus grandes banques du monde sont japonaises! Ce n'était pas ainsi il y a encore deux ans, il restait quelques banques américaines, maintenant c'est fini, le yen triomphe partout.

– Oui.

– J'ai découpé l'encadré et je vais le publier en illustration de mon article, qu'en penses-tu? »

Au fur et à mesure, il m'appelle pour me demander mon avis sur ses papiers qu'il m'expédie en exprès. Je les lis par temps de canicule, volets « en tuile », c'est-à-dire rabattus mais incomplètement clos.

Il fait bon dans cette vieille maison : humide l'hiver, elle conserve sa fraîcheur jusqu'au cœur du mois d'août.

Je rêve sur cet Orient extrême où je suis bien

décidée à ne pas mettre les pieds. « Il *faut* que tu y ailles! » me répète cet homme, qui est mon antenne – et pas seulement la mienne – vers un monde qui représente l'avenir. « Tu découvriras des choses dont tu n'as pas idée, un raffinement, une efficacité... »

Comment lui expliquer qu'à cause de lui, justement, je n'ai pas besoin de m'y rendre pour le savoir? A partir du moment où lui me raconte, quelqu'un en qui j'ai une absolue confiance, dont je connais les réactions, le comportement, je n'ai qu'à questionner et les réponses m'enseignent. Après tout, nous ne sommes pas allés sur la Lune, ni en Grèce du temps de Platon, nous n'avons pas fait les guerres de Napoléon, vécu avec les aborigènes, découvert l'Amérique, décapité Marie-Antoinette, pillé les vaisseaux chargés d'or, et pourtant nous savons!

« Et Singapour, c'était comment?

– Fantastique, une île, comme Manhattan, recouverte de buildings modernes. L'ancienne ville a pratiquement disparu. Cinq ethnies différentes, mais ils ont choisi l'anglais comme langue nationale. A partir de là, ils sont branchés en permanence sur le monde entier. Un seul exemple : la Singapour Air Lines est la meilleure du monde! Zéro défaut! A chaque niveau du service, ils exigent l'excellence. Rien au-dessous. Et puis les gens sont formés, tu comprends... Ici, nos jeunes sont négligés. C'est l'abandon. Ils n'apprennent presque plus rien... Dans cinq ans, dans dix ans, presque aucun ne sera apte à occuper les postes qu'exige l'économie moderne... Déjà certains patrons ont des postes à pourvoir et ils me disent qu'ils ne trouvent pas de candidats! »

Il sait où nous en sommes – parfois mieux que

nos gouvernants – et tente, comme il aime à dire, de me le faire « entrer dans le crâne ».

« Mets-toi bien dans le crâne... », scande-t-il à chacun de ses appels venus du monde entier.

Je me dis que les satellites des Télécom, au-dessus de mon fameux « crâne » doivent commencer à se poser des questions sur mon modeste numéro de téléphone « cagouillard » : qu'est-ce qui peut bien se tramer, au cœur de l'été, dans ce plat pays endormi sous la chaleur ?

Pays de vignes, qui fut aussi de vaches et de moutons – il arrive que le lait pour le beurre vienne désormais de Hollande, car la France s'allonge –, de mer et de tourisme.

Pays doux, calme et rose. « Pas un seul assassinat l'année dernière dans mon arrondissement ! » se réjouit le jeune et efficace sous-préfet.

« Ce pays est foutu si on ne se dépêche pas de faire quelque chose ! » grésille mon téléphone.

J'étire mes antennes – qu'est-ce que je sens, moi ?

« Bon, eh bien, ma fille chérie, à tout à l'heure... »

Je l'accompagne jusqu'à la voiture des amis venus le chercher pour l'emmener dans le beau château des environs où a lieu le déjeuner cagouillard. A nouveau je lui souffle : « Attention, ne te laisse pas entraîner... »

Il me répète : « Ne t'en fais pas, je sais me restreindre ! », mais je connais les mœurs du cru.

Au retour, il va m'énumérer un menu substantiel : moules, huîtres, magret, agneau, fromage, sorbets...

« Mais il n'y avait que deux vins, ajoute-t-il, du rouge et du blanc. Bien sûr, du pineau pour commencer et du cogac pour finir. »

Pineau et cognac, ici ça ne compte pas, c'est le lait de la région!

« Puisque ce sont des produits du terroir, des produit naturels, me dit mon père, pourquoi voudrais-tu que ça fasse du mal? »

Il a, sur la nature, les vues du début de son siècle : ce qui est « naturel » ne peut être que bon. Souvent aussi il dit « normal » : il y a ce qui est « normal », c'est-à-dire conforme à la tradition, et ce qui ne l'est pas. Et il n'est pas normal de travailler le dimanche, ni au mois d'août!

Ce que fait, pourtant, l'homme au bout du fil.

« Si tu crois que les Japonais s'arrêtent l'été! Ils ne sont pas fous, eux... »

Qui est fou?

Peut-être moi qui entends ces deux voix en même temps, dans la même minute, et qui, en mon cœur, leur donne raison à toutes les deux.

Deux voix d'hommes.

Deux voix qui appartiennent à la France.

Tous les deux se sont, comme on dit, battus pour elle.

Que reste-t-il, dans la tête d'un homme, d'avoir risqué sa vie pour son pays? L'un comme l'autre n'en parlent jamais.

« De vieilles histoires... », dit mon père.

C'est vrai que cela ne fait pas moderne.

Mais l'amour non plus n'est pas un sentiment « moderne ».

Encore moins d'en souffrir à mort.

Silence ouaté des jardins alourdis de rosée, que troublent à peine les premiers à se réveiller : les plus petits des oiseaux ! Pigeons, ramiers, tourterelles de toutes plumes, grises, blanches, noires, pie, attendent, eux, la pleine lumière pour entamer une journée de vols lourds et de roucoulements en houle comme des roulements de tambour.

« Chaque grand propriétaire terrien avait sa tour aux pigeons, sa *fuie*, où il ne pouvait en élever qu'autant qu'il possédait d'arpents », me dit mon père.

Quand nous roulons en voiture, le long de ce lacis de chemins vicinaux plus complexe que des capillaires, où pourtant il me guide sans jamais nous perdre – « C'est que j'ai fait les campagnes électorales avec ton grand-père, je connais chaque coin ! » – ou lorsque nous visitons à pas comptés quelque haut lieu, ancien ou « récent », comme il définit tout ce qui n'est pas romain, ses mots, que je n'attendais pas, structurent d'un seul coup le paysage.

Je me laissais paresseusement imprégner par les couleurs, les odeurs, les sons, le désordre apparent, caressant de la main la pierre longuement chauffée d'un parapet, d'un gradin, d'une balustrade, m'emplissant les yeux de la palette somptueusement variée du rouge au vert, en passant par tous les tons de roux et de jaune de la vigne en métamorphose, quand les mots de mon père font resurgir l'histoire, c'est-à-dire l'ossature.

L'assise, les fondements du terrain que je foule.

« Le passé n'a aucune importance, me dit l'homme qui me téléphone du bout du monde. Seul compte l'avenir... »

« Tu vois ces grands hangars vides, me dit mon père, ils servaient d'ateliers pour la réparation des wagons de chemin de fer. C'était l'une des industries de Saintes, nous en avons peu. Regarde toutes ces petites maisons! On les avait fait construire pour les ouvriers, qui logeaient ainsi tout près de leur travail. Et puis les réseaux ferroviaires se sont réunis en un seul, appelé SNCF, tout s'est centralisé et on a décidé que la réparation des wagons ne se ferait plus que dans un seul endroit, à Lille. Les Saintais ont rouspété comme des écorchés, ton grand-père qui était maire et sénateur, est intervenu, mais rien n'y a fait. On a mis les ouvriers à la retraite, et les ateliers n'ont plus servi à rien! »

Mon regard sur ces maisonnettes n'est plus le même : je reconstitue le drame individuel que fut, pour chacune des familles, la brutale mise à l'écart de la communauté du travail.

On fermait, et le sort de ceux qu'on dépouillait sans ménagement de leur unique moyen de s'insérer dans la société, et d'y faire entrer dignement leurs enfants, n'intéressait personne. (Mon grand-père mis à part.) Formidable égoïsme social de l'avant-guerre.

Une brève colère me prend... Qui m'évoque celle, énorme, qui vient de propulser sœur Emmanuelle au Soudan, auprès de ceux qui ont tout perdu : « Quand je vois comment vous surgâtez vos enfants, ici, en oubliant les autres, vient-elle de lancer à la télévision, j'en ai honte pour vous! Et pour eux! »

Mais ce qui fait agir les gens, cela n'est ni la raison ni le cœur, c'est l'habitude. Faire comme hier, continuer. Et il n'est pas dans nos mœurs de considérer que les gens d'ailleurs sont notre chair et notre sang...

Que l'humanité n'a qu'un seul corps et que la gangrène à un bout pourrit le reste.

Cela viendra.

« Tu ne veux pas qu'on aille prendre un verre à Port-d'Envaux? »

La terrasse de ce café champêtre se prélasse au bord du fleuve le plus tranquille du monde. En apparence! Tous les soixante-quinze ans – une moyenne sur laquelle il ne faut pas trop s'endormir – c'est l'inondation. Grave. Comme en 1982. Trente centimètres dans notre maison, un mètre ailleurs. Brève colère, là aussi, de la nature. Solidarité avec le reste du pays, le Limousin et l'Auvergne, en particulier, où il n'avait cessé, cette saison-là, de pleuvoir.

« Tu sais pourquoi ça s'appelle " port "? Autrefois on y embarquait directement les fûts de cognac en partance pour l'Angleterre. Et puis ce moyen de transport a été abandonné, les ports fluviaux sont tombés en désuétude, ils ne servent plus qu'aux pêcheurs. »

Brèmes, brochets, carpes, poissons blancs et bourrés d'arêtes auxquels je préfère, de loin, ceux qu'on trouve au marché, pratiquement vivants, venus à l'aube de La Cotinière, le port de pêche d'Oléron.

« Alors de quoi vit la région?

– Du cognac. On est bien tranquilles... »

Pas tant que ça. Des taxes américaines à l'importation ont failli ruiner l'industrie, l'année dernière. Il fallut se battre, exiger leur retrait, ce qui fut négocié, évidemment, au détriment d'une autre denrée! C'est que la divine liqueur ne se porte plus comme on le croit : plusieurs grandes marques vendent et parfois les Japonais rachètent, comme dans le Médoc.

« C'est un scandale, on n'a qu'à l'interdire! s'écrie mon père.

– Mais, Papa, c'est impossible, les éleveurs ne s'en tiraient plus, ils ont besoin de cet argent...

– Alors, on va devenir japonais?

– Et alors?

– Comment ça, et alors?

– On ne sera ni japonais, ni américains, ni français, on sera mondiaux, chacun apportera son savoir-faire... Les Japonais savent faire la hi-fi, des motos, des compact discs, des pianos, des mémoires pour l'intelligence artificielle, nous, du vin, des fusées, des missiles, des robes aussi et parfois de la littérature...

– On pourrait vivre sur nous-mêmes. Fermer les frontières! A Paris, quand je descends dans mon quartier, qu'est-ce que je vois? des Jaunes. Et des restaurants où on mange avec des baguettes, il n'y a plus que ça, au Palais-Royal! »

Ici aussi, il s'en ouvre plusieurs. Il faut bien que se brassent les goûts et les couleurs, car c'est de là que va surgir le futur, comme après toutes les grandes invasions qui nous ont faits ce que nous sommes, Pictes, Celtes, Lorrains, Normands, Bretons.

Mais il fait si bon vivre ici, que mon père voudrait arrêter l'horloge de l'histoire et qu'il soit toujours midi en Charente, l'heure de « débaucher », comme on dit, c'est-à-dire de passer à table.

Je repense à ce qu'il m'a appris sur le passé de la ville et des environs. Surtout à la façon dont il l'expose : pour lui, les choses ont toutes une « raison »! Et elle est bonne! Si on a fait ci, ou ça, dans le temps, c'était par nécessité et aussi par ingéniosité. « Regarde comme c'est bien fait! » Lui-même est un bricoleur de « génie » : rien ne sort d'ici, pas un bout de ficelle, ni un morceau de plastique, un clou, une bribe de fil électrique, de caoutchouc, un zeste de peinture, de dissolvant, de métal...

« Tu me garderas ça, me dit-il d'un air gourmand.

– Quoi? »

Nous venons de terminer une galette charentaise, il veut en conserver l'emballage!

« Je pourrais en avoir besoin. »

Lorsque j'ai fait changer le réseau des fils électriques, qui se brisaient entre les doigts de l'électricien sidéré, mon père les a considérés avec mélancolie.

« C'est ton grand-père qui a fait installer l'électricité dans la ville et il a été le premier à l'avoir dans sa propre maison. Tu vois ces fils? Ils ont soixante ans... Eh bien, ils marchaient toujours... »

A voir.

Tous les matins, il lit son journal : « C'est bizarre, il y a de plus en plus de gens qui meurent centenaires... »

L'après-midi, il me dira : « Il ne faut pas vivre trop vieux! On embête tout le monde! »

Moi, en tous les cas, il ne m'embête pas, car il m'oblige à m'organiser autrement, en tenant compte du passé, de tout ce qui est au travail en nous comme hors de nous.

Ce que m'avait déjà enseigné la psychanalyse.

Moi aussi, comme l'homme du téléphone, je ne voulais m'intéresser qu'au présent – à mes amours qui marchaient mal – et à l'avenir : finirai-je par trouver avec qui vivre en couple ?

« Parle-moi de ton grand-père, me dit *Germaine,* coupant court à mon lamento. Qu'est-ce que tu sais sur lui et sur ton arrière-grand-père... et sur les autres, avant eux ?

– Rien, ils sont morts bien avant ma naissance !

– Raconte. »

Je racle ma mémoire, y découvre des bouts d'histoires entendues dans les jupes de ma grand-mère, d'autres confiées par de très vieilles personnes qui, timidement, m'abordent, ces temps-ci, pour me tendre une photo, conter une anecdote – combien précieuse ! –, me donner leur sentiment sur ce qu'elles ont connu des « miens »...

Car ils sont miens, que je le veuille ou non.

Parlant avec *Germaine,* je finis d'ailleurs par m'apercevoir que je sais beaucoup plus de choses que je ne le crois sur ma famille.

Passé enfoui qui, peu à peu, peut-être parce qu'il se sent aimé puisque je l'évoque avec elle en analyse, resurgit comme de lui-même ! Quelqu'un vient m'apprendre que ma grand-mère paternelle morte si jeune de tuberculose – d'où l'origine de la mienne ? – rédigeait des poèmes, sans compter les discours de mon grand-père ! (Mais en secret, car une femme, à l'époque, n'avait pas droit public à l'écriture.)

A travers une cousine âgée et sans descendance, Anne Chapsal, à laquelle je téléphone pour me faire confirmer le fait, je découvre que nous sommes apparentés au général de Gaulle !

Il y a aussi une tante par alliance, enterrée dans

notre caveau, qui nous relie à la famille d'un autre Charles : Charles Vanel.

Un réseau se tisse, qui n'en finit pas de s'étendre, soubassement qui me confirme qu'il n'y a pas de « hasard » : un curé Chapsal trouva le moyen, l'autre siècle, de passer quelque temps dans le très petit bourg limousin où vivait déjà ma famille maternelle. Bien avant que mon père et ma mère se rencontrent à Paris, les deux familles eurent le loisir de se coudoyer, peut-être au confessionnal?

Qu'est-ce qui cherchait alors à se faire jour? Je le demande à *Germaine*, qui me répond : « Je n'en sais rien. » Pour la psychanalyse, il ne s'agit pas de figer, comme en sciences, des causes et leurs effets.

Au contraire, installer une chaîne causale rigide se révélerait plus contraignant que la névrose.

Non, ce que nous mettons au jour, elle et moi, ce sont des « traces », des « signifiants », comme ce beau nom de Mazurier – masure – qui fut le patronyme de mes grands-parents maternels et me hantait à mon insu.

Syllabes qu'avaient recueillies mes oreilles, mais que je n'avais jamais songé à proférer avant de les prononcer devant *Germaine*, qui, parce que je suis son amie, les garde en mémoire. Dès lors, elle est toujours prête à s'armer d'un élément de mon passé – quand je refuse l'obstacle – comme d'un forceps pour me faire accoucher du présent.

Seule avec moi-même, je constate à quel point ce starting-block de mots et d'images, qu'elle m'a entraînée à me constituer, me projette vers l'avant.

Mais, en ce mois d'attente et de douleur – doux leurre d'août – je ne vois plus, en avant, que la nuit.

UNE jeune femme disparaît dans les Cévennes. Aussitôt, c'est la levée des hypothèses : tombée dans un trou ? Enlevée ? Une fugue ? Blague ? Chagrin ? Coup de pub ?

Famille et amis s'interrogent. Qu'a-t-elle dit lorsqu'elle est partie « faire un tour » ? Et la veille, était-elle agitée ? Au cours de sa dernière conversation n'y a-t-il pas eu un mot révélateur ? Qui se rappelle son ultime geste ? A-t-elle levé la main pour un adieu, salué, comme en scène, avant le baisser du rideau, ou pirouetté au tournant du chemin pour dire : « Je n'étais là que par hasard, vous m'avez assez vue, vous ne me méritez pas ! » ? A propos, comment était sa tenue ? De voyage ou de balade ?

Comment était Bernard lorsqu'il s'apprêtait à me quitter pour toujours, sur cet aéroport de Bretagne ? Bonhomme avait-il compris avant moi ? Le chien n'aimait pas les aéroports (ni mon appartement), comme s'il avait eu le pressentiment de ce qui l'y attendait.

A mon tour j'interroge les signes, en particulier les photos de la jeune envolée, dont journaux et médias nous inondent. Car cette disparition – qu'on souhaite sans conséquences – est l'énigme journalistique de ce mois, un jeu policier pas vraiment drôle.

Je découvre à quel point la jeune femme ressemble à une autre actrice, disparue, elle aussi, un mois d'août. Fins cheveux décolorés, peau très blanche, grain de beauté, rondeurs.

Fallait-il qu'elle incarnât – jusqu'au dérapage – l'étoile blonde dont le monde entier reste à jamais veuf ?

Les siens errent tout autant que moi, que savons-nous de nos intimes ?

J'ai rêvé de Bernard. Nous voulions faire du ski nautique dans un endroit où il n'y avait pas d'eau ! Seulement de l'asphalte et des gravillons, et je me disais optimiste : « Ça glissera quand même... »

Réveillée, j'ai – c'est rare – mal à la tête, le silence dominical fige le quartier. Ding, c'est la demie de six heures. Bonhomme pousse un grand soupir : « Tu ne vas quand même pas te lever à cette heure-là ! »

Il sait – avant moi – que si.

Les chiens sont médiums.

La jeune femme n'a pas réapparu.

Et Bernard ?

Moi non plus je n'ai rien compris à l'homme qui partageait de si près ma vie.

De retour dans mon appartement, entourée par ceux qui s'étaient provisoirement constitués mes gardes du corps, dont *Germaine* (l'agresseur à redouter étant moi-même), je parlais tout le temps, encore sous le choc des neuroleptiques, pour poser toujours les mêmes questions : pourquoi ? comment ?

« Il n'y a pas de réponse à ça, en amour », me répond-on, doucement.

Je hoche la tête, repars du même point : « Pourquoi? Comment?... Il m'avait tellement promis... Quelqu'un peut-il m'expliquer?... »

Soudain, Bernard est là.

Je n'ai pas entendu sonner à la porte d'entrée, et je le trouve face à moi, précédé par le chien. (Il venait le lâcher chez moi, aussitôt fait il repart.) C'est le moment de lui demander des explications, or je ne suis qu'un cri : « Surtout ne me touche pas! »

Son contact, je l'éprouvais dans tout mon corps, m'eût été mortel. Il fallait que je me coupe de lui, me mutile, me sépare, me sèvre, me castre, m'éloigne. Le travail en était déjà commencé.

Il me fallait son absence, et que je la pétrisse.

C'est longtemps après la publication du livre que j'ai eu envie de le revoir.

Dans l'idée de lui dire assez peu de chose : « Tout de même... » ou : « Tu ne pouvais donc pas... » Ou : « N'y avait-il pas une autre façon? »

En fait, pour reprendre langue. C'est la rupture de la conversation qui, en amour, en amitié, coûte le plus.

Afin de rire aussi, de moi, de lui : « Tu ne t'es pas si bien débrouillé que ça! »

Lui montrer que je suis devenue savante : « Si tu savais ce qu'on m'a raconté sur toi! C'est donc vrai? Tu as fait tout ça? »

Sage aussi : « De toute façon, je m'en fiche! »

Je ferais tourner entre mes doigts – gantés pour l'occasion –, dans ce bar chic que j'aurais moi-même choisi, mon verre d'un alcool élégant.

« Oui, je me fiche de tout, lui dirais-je (chapeau ou pas chapeau? voilette ou pas voilette?), de t'avoir aimé et perdu, de vivre et de ne plus vivre, de mourir et de ne pas mourir... Du temps qui passe et qui n'a pas passé. De ce qui continue d'avoir lieu, et qui n'existe plus... »

Car je vis – le sait-il? – dans un temps mort.

Comme à la table de montage : arrêt sur image!

Aux studios de Billancourt, je me penche sur le petit écran lumineux et je vois Bernard, le pied éternellement levé pour quitter cette femme qui est moi.

« Retour! » dit la réalisatrice.

La monteuse obéit, la machine crisse. Nous sommes à nouveau au début du film, revenus à la rencontre en l'église russe.

« Là, dit Nadine.

– Là quoi? demande la monteuse.

– Ce plan... »

Celui où l'on aperçoit, pour la première fois, les yeux de Vincent/Bernard, si dévorateurs.

« Tu m'enlèves deux images... »

La monteuse, main gauche gantée, saisit une boucle de la pellicule, prend ses ciseaux, coupe ce qui lui est demandé.

Deux minuscules carrés sombres tombent à terre, je les ramasse, les empoche.

Rentrée chez moi, je peux, à travers ce mince rectangle de matière plastique, contempler indéfiniment le regard de Bernard posé sur moi qu'en vérité il ne regarde plus.

Le chien est entre Elsa et moi, sur la table d'examen, bien debout sur ses quatre pattes encore solides, mais le museau obstinément tourné vers le sol pour m'indiquer qu'il veut que je l'y repose et qu'on s'en aille.

La première fois que nous sommes venus dans ce laboratoire vétérinaire, Bonhomme et moi, Bernard, le vrai maître du chien, nous accompagnait.

Nous venions de sortir in extremis l'animal

d'une fourrière où il avait failli laisser sa peau, il était blessé à une patte, affamé, apeuré... Après l'examen – « il se remettra », a dit Elsa – elle prépare les vaccins!

Je la verrai toujours sa seringue à la main, posant sur Bernard ce regard qui, à travers les lunettes rondes, traverse, radioscopie l'animal – son patient – mais également celui qui est chez chacun d'entre nous.

« Et lui, dit-elle en pointant le menton vers mon jeune et nouvel amant, je le pique aussi contre la rage? »

« Jamais je ne reviendrai chez cette femme, tu m'entends, jamais! » me dit Bernard à peine sommes-nous dans la rue.

Moi, sur l'instant, cela m'avait plutôt fait rire, mais lui ne décolérait pas!

« Qu'est-ce qui vous a pris, ce jour-là? m'arrive-t-il de demander à Elsa, mon amie, ma sœur.

– Je n'en sais rien, me dit-elle de sa voix qui n'est que tendresse et qu'elle s'oblige – sans trop y parvenir – à durcir pour la rendre insensible, comme il convient, croit-elle, à une " professionnelle " de la douleur animale. Ça m'a traversée! Une intuition! »

C'est vrai que Bernard est devenu enragé.

Quant à la mordue, c'était moi!

A nouveau je suis chez elle, avec, toujours entre nous deux, Bonhomme – mon chien médium. Psychanalyste aussi, puisqu'il nous fait parler.

Je la regarde, elle a son stéthoscope aux oreilles, et, à nouveau, elle prépare une seringue. La scène de la « rage » me revient, cette fois c'est l'illumination!

« Je n'aime que les voyous », dis-je.

Elsa ne réagit pas, mais ses yeux s'arrondissent, elle me dévisage. A-t-elle bien entendu?

Je répète, pour elle, pour moi :

« Je n'aime que les hommes qui sont des voyous... Je n'y peux rien... C'est comme ça! »

Elle murmure quelque chose à l'adresse du chien. Du genre : « Mon pauvre vieux! » ou : « Nous voilà bien! », ou : « D'elle, rien ne m'étonne... »

Moi, je m'enfonce dans ma rêverie. Il y a longtemps que je n'ai rien dit d'aussi vrai.

Que passe un voyou et il m'embarque!

Je les flaire à cinquante, cent mètres. Sur photo même. Et ils me le rendent bien! Car ce sont eux qui viennent vers moi.

Je me revois roulant dans une voiture décapotable, du style grande classe... Il a des gants de pécari, ouvre le poste de radio, pousse le son au plus haut. Musique dingue. Dans cette route en lacet, il conduit en virtuose. C'est fou, totalement risqué. J'adore.

Je me surprends à penser : « Je voudrais que ça ne s'arrête jamais! »

(Ça s'est arrêté – mal, comme toujours avec les voyous – à peine deux jours plus tard.)

Un autre, pas même de mauvaise foi – ils sont souvent sincères, les pauvrets –, à qui je viens de prêter de l'argent, beaucoup d'argent, et qui, soudain, de la petite voix flûtée de quelqu'un de parfaitement en paix avec une conscience qu'il n'a pas, déclare : « Non, je ne vous rembourserai pas! »

Envie de me cogner la tête contre le mur. Non pour l'argent, mais pour mes drôles d'attirances.

Et celui à qui je signe un chèque en pleine rue? Il venait de me dire : « J'ai besoin d'argent, sinon pour moi, c'est la fin! »

Nous étions brouillés, il m'avait retéléphoné, sortie, et je croyais que c'était sentimental, pour mes beaux yeux. Mais non, c'était pour m'emprunter des sous ! Je me suis mise à rire et ça a été plus fort que moi – quelque chose en moi devait se dire : « Ma vieille, tu t'es une fois de plus fait embarquer, eh bien, l'aventure, ça se paie, tu dois payer ! » – j'ai sur-le-champ sorti mon carnet de chèques, me suis assise sur un banc (devant lequel je ne peux repasser sans sourire) et j'ai signé le chèque.

« Ton gigolo ! » dit ma sœur parlant de Bernard, dents serrées, rageuse, comptable – car c'est ça, les rapports fraternels, bilan sur bilan (ça n'empêche pas l'amour). Elle m'accuse, entre autres, d'avoir « laissé l'argenterie » chez lui !

Je me fâche : Bernard est tout sauf un gigolo. « Alors que préfères-tu que je dise, ton minet ? » insiste la peste qui, de ce que je connais de sa vie, ne craque elle aussi que pour les « voyous » !

Et si nous étions toutes comme ça, sans nous l'avouer, même les plus rangées ?

J'en parle à *Germaine*, qui rit : aurait-elle ses faiblesses, elle aussi, côté « voyous » ? Elle aimait bien Bernard. Témoin, à travers moi, de ses derniers méfaits, elle ne le rejette pas pour autant. (Moi non plus.)

Même si nous épousons, affichons des hommes sûrs, ceux pour qui nous « flashons », abandonnons tout dans l'instant, me dis-je, ce sont les « beaux (sales) mecs » !

Qu'ils arborent quelque mèche folle, jettent sur nous un regard en coulisse, glissent une main frôleuse au moment où l'on s'y attend le moins, et nous revoici en chute libre !

Ainsi ce si bel homme à trop belles femmes, dont je n'ambitionnais jamais de capter l'attention et qui me pose, à l'improviste, sa paume ouverte sur le haut du décolleté, à cet endroit en principe « neutre », rien que de la côte, pas de zones érogènes, et me voici trépidante, enlevée, enlevable! (Dieu merci – me dis-je hypocritement –, c'en est resté là!)

Toutes folles sous nos jupes sages?

Et si ça s'arrêtait aux amants, mais c'est qu'il y a nos fils!

Combien de dames d'œuvres, chignon tiré, en noir toute leur vie, n'ayant jamais regardé que leur mari, commettent folie sur folie – les banquiers s'en arrachent les cheveux, les familles aussi – quand la brebis noire parmi leurs enfants, c'est-à-dire « lui », le seul, le plus beau, le mieux aimé, le plus chéri, le voyou, le fruit béni de leurs vierges entrailles, leur demande de lui donner leur chemise? Et tout le reste avec?

En plus, elle se sentent parfaitement justifiées!

Le seul homme qui les ait jamais fait rêver.

L'unique qui m'ait plu au point de me faire flancher, depuis le départ de Bernard, c'était, à nouveau, un « voyou »!

Je l'ai su tout de suite, à mon sentiment de totale sérénité en sa compagnie – alors qu'il est dangereux comme un crotale! Avec ces garçons-là, qui demandent tout, ne veulent rien, et ont même le toupet de prévenir – car il me l'a dit, le bougre : « Je suis un voyou, mais vous aimez les voyous, n'est-ce pas? » –, je n'ai aucune défense.

N'en cherche pas.

Je me fous de ce qu'il m'adviendra car je me sens – et c'est paradoxal – en confiance et « sur ma route ». (J'y pense, si c'était un « voyou » qu'a suivi sans hésiter la jeune disparue des Cévennes?)

Je lis les épreuves du dernier ouvrage de ce journaliste-écrivain dont j'apprécie le style mâle.

Un roman sur sa jeunesse aux Etats-Unis, que scande une chanson : *Sur la route.*

Truands, tueurs, délinquants, il a tout rencontré, un été, dans les Rocheuses ! Inoubliable est son souvenir ! (D'où le charme du livre.) Même celui qu'il garde de Bill, l'assassin.

Les jeunes loups savent s'aimer entre eux.

Ce sont les femmes qu'ils dévorent jusqu'à la moelle. En soupirant, comme à regret : « C'est un goût que j'ai... Je ne peux pas m'en passer... » (Qui le leur demande ?)

Moi non plus, je ne peux pas me passer de Bernard.

Sœur Emmanuelle « m'attrape » : « *Je viens de terminer* La Maison de Jade *et je suis triste, triste, Madeleine* – elle aime répéter mon prénom, car c'est le sien hors religion –, *en pensant à tant de femmes devenues esclaves d'un homme, plus exactement leur cœur sécrétant jour par jour, heure par heure, leur propre esclavage... Le passage le plus terrible :* " Je m'assois sur le paillasson, je me dis qu'il ne pourra pas passer sans m'enjamber. "... *O Madeleine, mes sœurs chiffonnières ne sont jamais tombées à ce degré d'avilissement ! Et moi qui combats de toutes mes forces pour leur libération, je crois qu'il y a encore bien plus à lutter ailleurs ! J'ai une prière à vous adresser, Madeleine, vous qui savez faire tressaillir le lecteur en l'enroulant dans le fil ténu et humide que sécrète un cœur de femme, déroulez-nous maintenant, Madeleine, le fil fort que rien n'arrive à briser, décrivez-nous l'amour, source qui devient torrent de vie, comme nous l'annonce de prophète Ezéchiel :* " ... et la Vie apparaît en tout lieu où arrive ce torrent... Toutes sortes d'arbres poussent, les fruits sont une nourriture et les feuilles un remède. " *Tant de cœurs de femmes ont besoin de nourriture et de remède pour sortir du cocon où elles étouffent ligotées... Ah, mes sœurs, femmes esclaves, femmes-poupées, réveillez-vous !...* »

C'est à mon tour de vous lire, ma Sœur, et je vous entends, je vous comprends... Mais si l'avilissement faisait intégralement partie de l'amour ?

Lorsque Jeanne/Jacqueline, apprenant qu'elle est trahie, tenant déjà dans sa main les comprimés du « remède », prend encore une fois le téléphone pour appeler Bernard, elle ne lui demande en réalité qu'une seule parole : « Dis-moi *quand même* que tu m'aimes ! »

Comme son amant s'y refuse, la femme descend d'un cran supplémentaire dans ce que vous appelez l'avilissement, ma sœur, et qui ressemble tellement à l'enfance : « Et le chien, lui dit-elle, est-ce qu'il a mangé ? »

Et comme l'homme, bien décidé à abandonner cette femme pour aller vers ce qu'il appelle du « neuf », ne trouve à lui répondre que : « Sois raisonnable » (la raison, en amour !) et « Fais pas la conne » (la prudence, dans la passion !), Jacqueline/Jeanne – a qui l'on peut supposer, à ce moment-là, quelque mépris – repose doucement le téléphone.

Bien plus tard, quand tout est fini, voilà que Jeanne/Jacqueline se met à ce que personne ne lui demande : écrire !

Sans doute pour dévider ce qu'en termes si délicats qu'ils ne peuvent venir que de votre propre fond, ma chère Sœur, vous appelez « *le fil ténu et humide que sécrète un cœur de femme* ».

La Chair, à son tour, se fait Verbe.

Mais il fallait qu'elle ait, d'abord, commencé par se faire paillasson.

Viande, dit *Germaine*.

L'ANNÉE aurait-elle ses chaleurs, comme une femelle animale? Chaque journée me fait l'effet d'une bulle surgie du marais caniculaire, où, jusqu'au soir, las, immobile, nous demeurons encagés.

Un soir, au coucher du soleil, un tout petit nuage d'aspect brumeux encharpe le clocher de Saint-Eutrope, qui, visible au bout de la rue, nous sert de baromètre. « C'est la fin », me dit mon père.

Le lendemain, on respire.

Puisqu'il fait meilleur, nous partons l'après-midi pour un tour en auto. Il vient d'accepter de se séparer de son antique Peugeot. C'est la première fois, depuis ses vingt ans, qu'il ne possède plus de voiture et il mérite bien une petite compensation, avec chauffeur!

« Où veux-tu aller?

– Tu vas faire comme je te dis : tu tournes à gauche, puis à droite, ensuite tu reprends sur la gauche, mais roule doucement, on a du mal à voir le croisement... »

En un rien de temps, nous sommes hors tout! La route est presque un chemin creux que bordent les derniers ormes, puis les cultures. Tournesols à droite, maïs à gauche, ensuite des prés, quelques vaches noires et blanches, à distance un très léger escarpement.

« Là, il y avait un camp romain, le camp de César !

– Sans blague !

– Je t'assure ! Cette trace presque invisible le long du champ, c'était le passage de l'aqueduc qui allait chercher l'eau mais loin, loin, tu ne peux pas t'imaginer comme c'était loin !... Il n'en reste que des bouts, les parties enterrées qu'on n'a pas pu détruire...

– Pourquoi ne le remet-on pas en activité ?

– Ce serait vraiment un travail de Romain... »

Il connaît sa terre comme sa poche et m'en fait les honneurs.

Ce que je préfère encore, c'est lorsqu'il me téléguide :

« Arrête la voiture.

– Où ça ?

– Après le tournant, il y a juste la place. Tu vas descendre, moi je resterai assis dans l'auto.

– Et puis ?

– Tu prendras le petit sentier devant toi. Tu le suis sur une vingtaine de mètres, puis, à ta droite, il y a trois marches à moitié enfouies, attention à ne pas tomber, tu descends encore et c'est là...

– Quoi ?

– Un vieux lavoir à moitié démoli, mais l'eau jaillit toujours ! Ton grand-père voulait faire capter la source pour la ville, finalement ils se sont débrouillés autrement. »

Tout est si conforme à ses dires que me voici aussi excitée que lorsque j'étais enfant : un vieux marin à la jambe de bois vient de me guider jusqu'au trésor !

Je cueille une ou deux fleurettes et reviens vers

lui, dont je sais qu'il attend, en souriant d'avance, mon compte rendu :

« Alors, tu as vu?

– Oui, oui, c'était exactement comme tu m'as dit! Jamais je n'aurais trouvé cet endroit seule... »

Un afflux de sang et de gaieté lui monte au visage.

Nous avons partagé quelque chose.

Cela n'est pas facile.

Mon jeu avec les mots, par exemple, ne l'intéresse pas : si j'ose un : « Pas laid, ce palais! », ou encore : « On va tomber dans le panorama... », il fait le sourd.

A-t-il lu *La Maison de Jade?* Il a essayé, parcouru les premières pages, puis s'est senti gêné – moi aussi! – et il a soigneusement refermé le tout. Comme un chirurgien qui vient d'« ouvrir » et, jugeant le cas désespéré, recoud le malade sans y toucher.

Jamais, en tous les cas, il n'en prononce le titre, il dit « ton livre », ou « ton roman ».

« Viens ici, j'ai quelque chose à te dire! » (Ainsi commencent la plupart de ses admonestations à mon égard! Car parler, pour lui, c'est vraiment " rompre le silence ", un acte qui exige de prévenir l'interlocuteur, j'allais dire sommer l'adversaire!) « Ça va te faire plaisir! Tu sais, ma vieille amie, celle qui habite Royan et qui a une fille dont le mari travaille à l'Enregistrement, eh bien, elle a lu ton livre et elle l'a trouvé bien!

– Tant mieux, Papa. »

Il rumine un instant : « Je suis fier de ma fille! »

Petit pincement au cœur : fier de quoi? Se doute-t-il à quel point une carrière d'écriture n'est que dérive? Exil... Marguerite Duras vient de confier à un journal : « Le seul événement d'une vie d'écrivain, c'est un livre. »

Est-ce vrai pour moi? me suis-je aussitôt demandé.

Eh bien, non! En ce qui me concerne, j'écris toujours « faute de mieux ».

Faute d'amour, d'enfants, de voyages, d'amitié, de détente physique ou intérieure... Oui, je pourrais intituler chacun de mes ouvrages : « Faute de mieux! »

Ce mois d'août, à cet égard, se révèle exemplaire. Ayant décidé de fêter mes relevailles de « cœur brisé » – trois ans, ça suffit! –, je loue une maison en bord de mer. Là-dessus le chien tombe malade, et, prolongeant mon séjour ici, je constate à quel point on a – muettement – besoin de moi.

J'ai décommandé la maison, sans regret.

Toutefois, sous un soleil radieux, je finis par consentir à faire l'heure de trajet qui nous sépare de la côte. (Je venais de passer trois étés sans aller jusqu'à la mer, boudant ces plaisirs qu'on nomme à raison physiques.)

Eblouie de retrouver sous mes pieds le sable brûlant de mon enfance qui oblige à renfiler ses sandales, je cours vers elle, qui fut si longtemps mon amie.

Sur ce même océan j'ai navigué plusieurs étés avec Bernard, dans notre embarcation gonflable. Arrosée à temps réguliers d'eau salée, retenant le chien ivre de joie par son collier, riant de tout mon corps, j'étais convaincue que nous allions faire naufrage (nous l'avons fait, mais pas en mer). Qu'importe, je me sentais sans peur et prête à tout, puisque j'étais avec lui.

Je n'écrivais pas, à ce moment-là! J'aurais bien

déchiré tous les livres, les miens comme ceux des autres !

Je vivais.

En y entrant, je retrouve mes origines amphibies, ce sentiment que je pourrais respirer sous l'eau, tant je goûte son contact saumâtre dans mes narines, mes oreilles, mes yeux, ma gorge et mon arrière-gorge. Je m'en imprègne, m'en emplis, la recrache par les naseaux.

D'un coup, mon cœur se serre. Le soleil me semble noir, l'agitation des baigneurs – qui sur le ventre, qui sur le dos ou sous son parasol – dérisoire.

Il faut que je rentre.

On m'attend.

Mais quoi ? Qui ?

Ce qui exige, en ce moment, ma présence constante à la maison, exacerbe ma vigilance – au moindre son, je tressaille –, n'a pas de visage, ni de nom.

Je me heurte à lui dans l'entrée, veste de linon clair, casquette et souliers blancs, pochette de soie, ses deux cannes sous les bras, il s'apprête à sortir.

« Te voilà beau comme un astre! Où vas-tu comme ça? »

D'une voix forte et gaillarde : « Au cercle! »

Je n'en crois pas mes oreilles : serions-nous à Deauville?

« Quel cercle?

– Mais le cercle de bridge! »

Il a fréquenté les plus huppés de Paris, dont l'un tenait ses réunions dans un hôtel particulier donnant sur le parc Monceau. Celui de Saintes est situé en haut d'un escalier de bois, au premier étage d'une antique maison aux volets croulants, laquelle abrite également le Secours populaire.

Bridgeurs et personnes dans le besoin se croisent sur le seuil de son jardinet envahi d'herbes folles, où subsiste un pommier rachitique, ensuite chacun fait ses affaires.

Deux heures plus tard, le voici qui sonne puissamment à la porte – alors qu'il a sa clé – pour faire comprendre à la maisonnée que le « maître » est de retour. D'un geste large, il lance sa casquette de toile blanche en direction du portemanteau de l'entrée.

S'exclame :

« J'ai perdu (ou gagné) deux francs! »

Nous nous récrions :

« Ça alors! »

Et c'est l'heure de dîner.

J'admire sa façon de poursuivre pareillement sa vie en toutes circonstances – il ne varie pas non plus dans son langage, choisi et courtois quel que soit l'interlocuteur.

Force ou inconscience? Condition de durée, en tout cas, tant qu'on ne modifie rien à ses habitudes, qu'un même rite journellement se répète, qu'un geste conduit à l'autre, tout risque d'imprévu semble considérablement diminué.

A son âge, toutefois, on perd ses amis. Il l'apprend par le journal, s'exclame, puis c'est la même antienne : « Pourtant, la dernière fois que je l'ai vu, il allait très bien! »

Pour lui, tant qu'on n'est pas mort, on va bien! Qu'y redire?

Plus cela va, d'ailleurs, plus je le trouve « parfait ». Mot qu'il affectionne : lui-même décrète « parfait » tout ce qui ne l'oblige pas à remettre ses projets ou ne contrarie pas son désir. En somme il est à lui-même sa loi-étalon.

Un homme?

C'est avec *Germaine* que je creuse, si je puis dire, la « différence » – qu'on dit petite et qui ne l'est pas. Non que je lui demande directement pourquoi les hommes ne sont pas comme les femmes, mais la façon dont elle me parle des hommes qu'elle a aimés, ou aime, est en elle-même une réponse.

Elle est loin d'avoir avec eux la même sévérité ou la même exigence qu'avec les femmes. Non qu'elle n'en ait aucune, mais elle est d'un autre ordre.

De nous – d'elle et de moi, par exemple – elle attend une exactitude, une précision dans le faire et le dire, une intransigeance quant à la vérité presque au « ras du sol ».

J'ai envie de dire de servante du Seigneur.

Une femme « follette », si elle a droit, comme tout être vivant, à son indulgence, la déconcerte, et provoque sa compassion! Que va-t-elle devenir, si elle ne se corrige pas? Surtout, qu'en sera-t-il des siens? Peut-on élever un enfant si on ne sait pas être à l'heure? Puis elle se rassure : heureusement, les enfants, même nouveau-nés, savent mieux que personne – elle l'a cliniquement constaté – étayer leurs parents défaillants.

Un homme, lui, est une autre bête!

D'eux elle espère la surprise, le pas de côté qui conduit à l'imprévu! La nouveauté!... Ses fils, son mari, son petit-fils n'ont fait que l'émerveiller. Les autres aussi... Face aux hommes, sa féminité est entière.

L'autre soir, en arrivant pour dîner, je remarque en bas de chez elle camions et câbles de télévision. Je comprends que ce déploiement la concerne. Je monte : l'enregistrement est terminé depuis un bon moment, mais trois jeunes techniciens tardent à rassembler leur matériel tant ils veulent lui parler à leur tour, et du plus intime : de l'amour!

Cette femme aux cheveux blancs, causant d'amour sur le pas de sa porte – qu'elle finit, poliment, par leur refermer sur le nez : « Maintenant, je suis fatiguée! Au revoir! » – avec de ces jeunes blasés d'aujourd'hui, qui avaient dû croire, en allant opérer chez une « vieille » psy, qu'ils allaient s'embêter et qui n'arrivaient plus à décoller – c'était autrement mieux qu'avec leurs minettes! –, quel grand moment!

Les jours où *Germaine* a envie d'être précise, et même crue, elle me redit ce qu'elle a si souvent écrit :

« Dans un préau d'école, ou à la maison, si tu jettes une balle à une petite fille, elle rapproche les genoux, un garçon écarte les jambes. Tu comprends, c'est physiologique... »

De même qu'elle me répète, quand je me plains à elle de ma « jalousie » passionnelle, qui fait que je préfère renoncer à l'amour plutôt qu'être trompée : « Le sexe des hommes est à l'extérieur, comme détaché d'eux. Qu'ils l'introduisent ici ou là, qu'est-ce que ça peut faire? Pour eux, ça n'a pas d'importance, à peine s'ils s'en souviennent! Un jeu... Une façon de se prouver qu'ils sont des mâles... Ce qui compte, c'est à qui ils donnent leur cœur! »

« Ouais », dis-je en moi-même.

Elle doit m'entendre car elle me dévisage d'un air rêveur :

« Mais toi, tu es une jalouse, tu n'y peux rien. »

C'est vrai, je suis jalouse, mais pas des femmes. Elle, par exemple, elle peut aimer qui elle veut, cela ne me gêne pas, bien au contraire : je la trouve si belle quand elle parle de ceux auxquels elle tient. Littéralement transportée.

C'est qu'elle n'aime pas *contre*, elle aime *avec*. Depuis qu'elle est liée à moi, je sens que je fais partie de l'élan qui l'emporte vers les autres, désormais la tendresse qu'elle éprouve pour moi ajoute une fibre supplémentaire à sa capacité d'aimer.

Bernard n'a aimé que moi. Puis plus moi du tout.

Est-ce donc ça, un homme, jambes ouvertes, mémoire à vau-l'eau ?

Germaine voudrait me dire une parole non de consolation – elle ne console jamais –, mais d'« ouverture ». Ne la trouve pas.

« Viens, on va dîner. »

Au fond, elle est contente que je continue à aimer Bernard, même infidèle.

Elle doit se dire que je ne suis pas tellement jalouse que ça, après tout...

Quand on a brûlé debout, comme les bonzes, la jalousie, c'est vrai, est partie en fumée.

Nadine Trintignant me l'a dit : « La jalousie, c'était avant la mort de mon enfant. »

JE suis à la cuisine, il est midi et, une fois de plus, le téléphone sonne. C'est en courant que je vais répondre : que vient-on m'annoncer?

« Sais-tu ce qui est arrivé à *Germaine*? me dit la voix émue de Stéphane sans prononcer le mot de mort. Je ne voulais pas que tu l'apprennes par les médias. »

C'est sans émotion apparente que je lui réponds : « Je ne le savais pas, mais je m'y attendais. ».

L'évidence est soudain là : depuis que je suis ici, je ne pense qu'à elle! C'est par superstition que je ne me l'avouais pas.

Je me refusais à envisager que notre entrevue de la fin juillet pût être la dernière et je m'exhortais à l'espérance : « Le tout, me disais-je, c'est de passer cet affreux mois d'août, ensuite je rentrerai et je la reverrai. »

Ses proches s'étaient employés à me rassurer : « Pars tranquille! » J'étais partie : ils la désiraient entièrement à eux, elle qui avait été à tant d'autres, c'était normal.

Aussi m'exhortais-je à la patience, me concentrant sur le chien, mon père, qui avaient matériellement besoin de moi. Mais plus le temps passait, plus je haïssais l'été.

Elle m'avait prévenue sans ambages : « Je crois que mon corps ne marche plus, ça n'est pas la peine d'insister ! »

Elle n'en faisait pas une affaire.

J'avais emporté son regard sur moi. Il faisait beau quand je me suis retrouvée en bas de chez elle. Mais la mort, je le sentais au froid qui m'étreignait, m'accompagnait.

« C'est arrivé hier soir, on vient de l'annoncer. »

J'ai fui la télévision, la radio, le déjeuner, et suis partie marcher dans la rue.

Il était midi.

La veille – à l'heure où elle s'est endormie – je m'étais sentie prise de faiblesse en pleine rue, incapable de mettre un pied devant l'autre. Je sortais de chez un bijoutier à qui je venais de commander une alliance en or – semblable à celle qu'avait longtemps portée ma mère, avant de la perdre ou de se la faire subtiliser – où je voulais qu'on grave, comme sur celle de Maman : « *Hors cet annel point n'est d'amour.* »

« Regarde ce qui est écrit sur mon anneau », me répétait ma mère, joyeuse, en l'ôtant de son doigt pour me le tendre, alors que depuis si longtemps elle n'était plus l'épouse de personne.

Je crois qu'elle aimait – comme moi – la fidélité pour elle-même.

Souvent, *Germaine* m'avait dit : « Tu sais, j'ai une curiosité, qu'y a-t-il après la mort ? Je le saurai bientôt. »

La pleine lumière d'août, sur ces vieilles pierres blanches, me fait mal.

« Laissez-la partir vers la lumière, m'a dit il y a trois jours le guérisseur à qui j'ai demandé son aide pour « une amie malade ». « Il ne faut pas la retenir ! Elle est en paix... »

Qui est jamais en paix ?

Même si nous n'en parlions pas, je savais que *Germaine* avait quelqu'un à retrouver et je me demandais parfois si elle ne s'était pas tellement activée, sans ménager sa santé, depuis qu'elle l'avait perdu – presque en août également –, afin d'aller plus vite à sa rencontre. Appelée par lui. Ou l'appelant.

Ma mère m'avait dit – elle avait alors l'âge qu'a *Germaine* : « Tu sais, je n'ai aucune envie de mourir ! » Elle était en train d'enfiler ses bas de soie, assise au pied de son lit, et je me rappelle lui avoir répondu : « Mais, Maman, personne ne te le demande ! »

En ce jour de juillet, *Germaine* ne m'a pas dit : « Je n'ai aucune envie de mourir », mais : « Ça m'ennuie, tu vois, parce que j'ai encore du travail à faire. »

Alitée, handicapée par sa respiration, elle m'a surtout entretenue de son travail en cours, qu'elle redoutait de laisser en plan. Heureusement que son dernier livre était achevé et à l'impression. « Tu le liras bientôt ! »

Mais qu'en serait-il de son travail quotidien qu'elle poursuivait, ces dernières semaines, au cas par cas ?

« Ai-je suffisamment formé les gens ? Je me dis que non... Mais peut-être tout de même que si... »

Un spasme m'avertit soudain que là où est mon cœur, quelque chose s'éboule.

Moi, en tout cas, *Germaine* me laisse en chantier. Et c'est le sentiment égoïste de ma propre incapacité qui me fait souffrir.

Sinon, pour elle...

Il n'y a personne dans les rues, à cette heure de midi.

La lumière de la fin d'août a déjà la douceur automnale. Je lui avais souvent parlé de la lumière des Charentes. Elle avait envie de venir, il fallait un prétexte et nous avions envisagé une conférence, mais je savais qu'elle n'avait plus de temps que pour l'essentiel : enseigner ceux qui faisaient son métier.

Elle m'avait dit : « Tu comprends, les gens s'imaginent qu'ils doivent reprendre et répéter mes mots... Mais non! Moi-même je ne le fais pas... J'arrive sans rien savoir, et puis, dans la situation, les mots me viennent... C'est la personne qui me les inspire, sa souffrance, son langage à elle, c'est pourquoi je ne redis jamais la même chose! D'ailleurs, comment le pourrais-je? J'arrive sans idées, vide... »

Souvent elle m'avait répété : « Je ne sais rien, ce sont eux qui m'apprennent tout », et je savais ce qu'elle entendait par « vide ». Etre entièrement disponible à autrui.

Elle m'avait dit une fois : « Si on était capable d'être totalement à l'écoute, une seule rencontre devrait suffire! »

Elle voulait dire : pour soigner, guérir, en tous les cas réorienter!

Cela m'avait tant saisie que, quelque temps plus tard, je lui en reparle! Ebahissement : « Je t'ai dit ça, moi? Tu m'étonnes... »

Sa profusion intérieure était telle qu'elle oubliait à mesure pour laisser la place à ce qui ne cessait de surgir en elle, de neuf, à chaque heure de sa vie.

Conserver – ce à quoi je m'emploie avec une avidité de fourmi – ne convient qu'aux pauvres d'esprit et de cœur. Chez les inspirés, les riches, ceux qui sont dans la grâce, point n'est besoin d'entasser, tout renaît, tout revient. C'est la résurrection perpétuelle... Je l'entendais me redire la même chose – mais chaque fois elle me le racontait autrement ! Mieux !

« Il faut vraiment n'avoir peur ni de soi ni des autres pour oser à ce point faire le " vide " en soi face à l'inconnu ! » me dis-je.

En ce moment même, marchant au hasard dans les rues, je m'en trouve incapable : tout tournoie, idées, regards, images...

Germaine ne cherchait pas tant à écouter, ce qui s'opérait sans effort, qu'à aider – et c'était plus coton – l'enfant, l'adulte venu à elle, à « s'entendre lui-même ». Pour la première fois de sa vie !

Parfois cela s'accomplissait sur-le-champ et elle avait beau en avoir l'habitude, elle en éprouvait le même émerveillement ! Je la retrouvais tout illuminée quand elle m'ouvrait sa porte, à l'heure du dîner : « Si tu savais ce qui m'est arrivé cet après-midi ! »

Accueil qui nous tenait lieu de « bonsoir ».

Une fois le circuit mis ou remis en service, elle n'avait qu'une idée : ne plus s'occuper d'un cas qui n'avait plus aussi désespérément besoin d'elle, pour passer à un autre.

Ailleurs.

Tout à l'heure, en sortant, j'ai saisi mon appareil photo.

Depuis le début du mois, contrairement à mes habitudes, je n'ai pas pris un seul cliché. Faire une photo, c'est d'abord cadrer avec l'œil, puis déclencher ensuite – or, tous ces temps-ci, dans la rue, je ne regardais pas vers l'extérieur mais seulement en moi.

Sans vouloir admettre mon inquiétude, je revoyais ses gestes, ses regards, j'entendais sa voix, je revivais nos dîners, nos vacances, évoquais ses vêtements, ses bagues, ses colliers fantaisie, ses chapeaux. Flashes que je considérais comme morbides et dont je tentais de me défendre.

Maintenant, ça n'est plus la peine de résister : le malheur est là.

Ces images d'elle en moi m'appartiennent, elles sont ce qu'elle m'a donné. Elle me disait : « Toute parole est un don d'amour. » J'imagine qu'elle y englobait aussi les dures et les méchantes, car, d'après elle, c'est parler qui est un acte d'amour. Et regarder, qu'en aurait-elle dit ? Que c'est l'amour même ?

Je photographie la terrasse aux balustres de pierre grise donnant sur la Charente, deux touffes bleues l'escaladent et de son haut croulent des roses.

Mes pas me conduisent à l'église Saint-Pierre, où j'allume cinq cierges en l'honneur de cinq patrons différents : saint Pierre, le Christ, la Vierge et l'Enfant, encore la Vierge, puis saint Antoine.

Je n'ai guère de connivence avec saint Antoine de Padoue mais je sais qu'il s'occupe des objets perdus !

Je suis loin d'être la seule à me sentir privée d'elle. Même ceux qui n'en savent rien perdent aujourd'hui quelque chose d'immense. Qui vide le monde. Ils n'ont pas besoin de le savoir. Elle a travaillé pour faire que l'espoir soit vivant au sein du plus grand désespoir. Je le sais. Je l'ai éprouvé. Je l'ai vu.

Puisqu'on vit, disait-elle, puisqu'il ou elle est toujours là – en dépit de sa douleur –, c'est bien qu'« il y a de quoi vivre » !

De temps à autre, elle me regardait, comme étonnée par ce qu'elle découvrait en elle-même : « Tu sais, je crois que j'aime les gens, tous... »

Personne, pourtant, n'en a autant sondé la férocité ni le crime.

Elle ne l'a sans doute pas formulé ainsi, mais elle considérait, à l'usage et en vertu de sa clinique, que tout crime est aussi un acte d'amour. D'amour égaré.

On tue – soi ou les autres – pour tenter de vivre ! Afin de parvenir à cette vie véritable dont une enfance mauvaise, un sort affreux – le désir parfois, de nos géniteurs, qu'on ne vive pas ou qu'on ne soit pas né – nous a exilés.

En tuant, c'est la haine et l'horreur qu'on veut supprimer, au nom du meilleur ! En tuant, on tue le crime.

Mais on ne tue jamais l'amour.

C'est la raison pour laquelle elle aimait les gens : elle avait découvert – et ça n'est pas facile ! – que l'humanité n'est qu'amour.

Qu'elle en vient, qu'elle en vit, qu'elle y va.

Elle avait connu Bernard avant moi. (C'est chez elle que je l'ai rencontré.) Il était son ami, lui aussi, son disciple, bien que pas mal plus jeune. (Pour elle, l'âge n'avait guère de sens, les nouveau-nés n'étaient-ils pas ses maîtres ?)

Un jour, avec une lueur de perplexité dans l'œil, une légère intonation de plainte, elle avait eu, à mon adresse, cette phrase qui, venue de toute autre, m'eût paru démesurée d'inconscience : « Mais pourquoi Bernard ne m'a-t-il pas annoncé son mariage ? »

J'étais demeurée coite : se rendait-elle compte à qui elle faisait cette remarque ? A la personne que Bernard avait tenté moralement d'assassiner, pour épouser cette femme qu'il n'avait pas songé – c'était exact ! – à venir ensuite lui présenter !

Après tout, si elle le regrettait, c'était leur affaire, à eux deux, et non la mienne ! En l'occurrence, ne poussait-elle pas un peu loin l'oubli à mesure?

Parce qu'elle m'aimait, parce que je l'aimais, l'instant d'après j'avais saisi l'intégralité de sa pensée : pour elle, Bernard, en se mariant, avait fait un « choix de vie ».

Ne désirait-il pas plus que tout avoir un enfant, lui, l'homme sans racines? Cet enfant que je n'avais pas pu lui donner?

Comment, dans ces conditions, et une fois la première douleur de la séparation passée, cela pouvait-il me faire mal! (C'est elle aussi qui m'a dit, mais il était encore un peu tôt pour que je l'admette : « Bernard veut avoir des enfants? Réjouis-toi, cela signifie que tu en as fait un homme! »)

Pour *Germaine*, l'unique chose qui pouvait me blesser, venant de Bernard, c'était qu'il eût décidé de nous tenir toutes les deux à l'écart de son « choix de vie »! Comme s'il nous jugeait incapables d'entrer dans ses raisons et d'apprécier son cheminement.

En somme, de continuer à l'aimer dans ce qu'elle a appelé « l'allant-devenant »!

Comme je me suis sentie petite, à côté d'elle, à l'idée qu'elle imaginait – puisque j'étais son amie – que je ne pouvais que sentir et raisonner comme elle!

Je photographie le cloître et ses pétunias rouges dont l'image se découpe, contre l'obscurité de la nef, par une porte latérale. Je photographie les éclats de lumière colorés qui tombent des vitraux sur les pierres du sol... La place et ses platanes, qu'on distingue par la porte centrale... Un pigeon blanc qui s'envole...

C'est son regard en moi qui me fait considérer

ces images pourtant familières comme si je les découvrais.

Je n'éprouve aucune envie de pleurer, moi qui pleure tant...

Ne m'arrive-t-il pas de sangloter au souvenir de morts désormais très anciennes, d'animaux chéris et même d'êtres que je n'ai pas connus ?

Là, mon cœur bat paisiblement dans ma poitrine, je prends conscience de la facilité de ma respiration – alors que la sienne était si fortement entravée.

D'un seul coup c'est le déferlement.

Je m'immobilise ! Que m'arrive-t-il ? Je la perds et voilà que je n'éprouve que tranquillité ! Et même allégresse !

Toutefois, je n'arrive pas à m'indigner car une pensée venue d'encore plus profond envahit ma conscience : c'est tout simple, où qu'elle soit, *elle* vient, à l'instant même, de me rejoindre !

Elle m'en avait avertie avec cette timidité qu'elle n'avait que lorsqu'elle offrait son amour (sinon quelle intrépidité permanente !) : « Je ne te quitte pas, hein, d'ailleurs je ne te quitterai jamais. »

J'avais répondu : « Ne t'en fais pas, je le sais », mais, en réalité, je n'étais pas tout à fait sûre qu'elle puisse tenir sa promesse.

C'est que je doutais de la force infinie de l'amour.

Ce qui se passe en moi, en ce moment même, est *plus grand que moi.*

C'est bien le signe – fou – que cela vient d'elle.

« TON anniversaire est dans trois jours, me dit mon père, comment veux-tu qu'on te le souhaite ?

– Pas.

– Je m'en doutais. »

Il est à son bureau où, tout en me parlant, il compulse ses papiers avec sa méticulosité ordinaire. Pour lui, tout ce qui est écrit mérite la plus scrupuleuse attention.

Dans l'après-midi, la canicule revient brutalement. Je lui propose un tour jusqu'à la mer. Nous roulons une cinquantaine de kilomètres sur une route droite, puis une voie express de plus en plus plate, en direction de La Rochelle.

« Tu vois, nous entrons dans l'Aunis. »

Ces étendues sans vallonnements, à la terre dépourvue de vignes – « On ne les a pas replantées après le phylloxéra » – et que la sécheresse rend poussiéreuses, ne me plaisent en rien.

Je me gourmande : chacun voit l'heure à son clocher et c'est sans doute par habitude que je préfère ce qui est montueux et boisé à ce qui ne l'est pas. Pourtant, le charme de cette première avancée du Marais poitevin doit être incomparable, pour qui y est né : le moindre accident de terrain, bosquet, chemin, monticule, coupant cette surface qui semble uniforme, revêt d'autant plus d'importance. Comme un secret chuchoté.

Chacun ses amours, et notre parti pris pour les nôtres devrait nous enseigner le respect de celles d'autrui. Chaque morceau de notre planète n'est-il pas d'autant plus adoré qu'il a peu d'amateurs ? Il existe des inconditionnels du désert, des passionnés des bouts du monde, volcans, banquises, pôles, jungles, villes aussi, zones, terrains vagues...

« Voilà Fouras, me dit mon père, c'est de là que Napoléon s'est embarqué pour Sainte-Hélène, à dos d'homme.

– Comment ça?

– Eh bien, oui, pour qu'il ne se mouille pas les pieds il fallut le porter jusqu'à la chaloupe du *Bellérophon*. Il est monté sur le dos d'un type! Arrête la voiture et descends voir, il y a une plaque sur la plage... »

En effet, et il y est question de « dos d'homme », ce qui m'évoque l'un des traits les moins glorieux du personnage : la Révolution avait aboli l'esclavage sur tous les territoires dépendant de la France, dont Saint-Domingue. Napoléon l'y fit rétablir.

Les Haïtiens ne l'ont pas oublié!

Au loin, les îles Madame, d'Oléron, d'Aix. Aucune ne me plaît autant que mon île de Ré qui n'en est plus une! Les humains ont la passion de détruire ce qu'ils aiment le plus. En le « consommant », comme les enfants qui portent tout à leur bouche.

La mer est si calme qu'on la dirait lac.

Mais je l'ai assez vue.

« Rentrons! »

Sur le chemin du retour, nous roulons en silence.

Je pense à elle.

Transmission de pensée?

« Dans tous les journaux d'aujourd'hui, il y a de grands articles sur ton amie.

– Je m'en doute. »

Je n'ai pas voulu regarder la presse quotidienne, mon père le sait, et je n'ouvrirai pas non plus les hebdomadaires.

Une seule fois je l'avais vue « hargneuse » : je lui faisais remarquer combien elle était reconnue, depuis quelque temps.

« Si longtemps, ils m'ont traînée dans la boue, me dit-elle. Maintenant, partout dans le monde, ils me tressent des couronnes... »

Sous-entendu : il est bien temps!

La gloire et la reconnaissance viennent souvent bien tard pour effacer certaines blessures. Parfois trop, comme pour Van Gogh, qui mourut suicidé par les autres. Ceux qui ont œuvré pour l'humanité doivent apprendre à se débrouiller sans le retour de cet amour. Du moins à l'époque où ils en auraient le plus besoin.

Après leur mort, ce sont les queues dans les musées, les enchères démentes, les ouvrages vendus à la tonne.

Une phrase de Degas me revient à l'esprit. Ses cadets commençaient à se précipiter dans ce mouvement qui allait devenir la ruée – le *rush* – vers le succès. Le vieux peintre, qui avait travaillé pour une autre lumière, haussa les sourcils : « De mon temps, on n'arrivait pas! »

Du mien non plus, me dis-je en songeant à l'esprit NRF. Ou même à celui du tout premier *Express*, où l'anonymat faisait loi : aucun article n'était signé.

Insouciance du vedettariat qui désormais choque : elle frise trop l'insolence.

A peine posé le pied dans l'étroite entrée de

notre maison du quartier Saint-Maur, qui, même en août, demeure fraîche et obscure, mon passager formule sa satisfaction : « Merci, ma fille! Nous avons fait une belle promenade! »

Il est content : il a vu ce qu'il aime et aimé ce qu'il a vu.

Là, me dis-je, est le secret de son allure : mon père, dans l'existence, se promène.

Sans aucun souci d'« arrivée ».

Moi non plus je n'ai pas envie d'arriver : j'ai peur qu'ils partent.

« SAIS-TU que tu m'as appris quelque chose? m'avait dit *Germaine*, avec cette joie communicative qui faisait aussitôt jaillir la mienne.

– Moi? Mais à quel sujet?

– Eh bien, qu'on pouvait à la fois prendre quelqu'un en analyse et l'avoir pour amie. Je croyais que c'était impossible. La neutralité est la règle, comme tu sais... Eh bien, grâce à toi, je m'aperçois que dans certains cas on peut transgresser... Et ça va très bien... Tu es d'ailleurs la seule avec qui je l'aie fait! »

C'est dans cette ambiguïté que l'analyse avait commencé entre nous, un jour où je ne m'en tirais décidément pas, de mes sempiternels démêlés avec l'amour. Je lui avais alors téléphoné à chaud, en fait dans l'urgence et le désespoir : « Je vous en prie, je n'en peux plus, recevez-moi! »

« Mais c'est impossible, nous nous connaissons depuis longtemps et je vous considère comme une amie...

– Je ne sais pas ce que je vais devenir... La plupart des analystes susceptibles de s'occuper de moi me répondent la même chose que vous! »

De par mon métier de journaliste et mon intérêt pour leur art, je m'étais fait, de Lacan à Maud

Mannoni, beaucoup d'amis chez les analystes, qui, dès lors, ne s'en sentaient plus pour me traiter.

« Ah bon? On vous dit ça? Alors venez... »

Telle était son audace.

Au bout de quelques séances, elle a commencé à me tutoyer, par lapsus, et fini par me dire : « Quand je tutoie quelqu'un pas exprès, ça prouve que dans l'inconscient je dois le faire. Tutoyons-nous, ça te va? »

Si ça m'allait!

Je la voyais peu, hors séances, à l'époque, mais, insensiblement, nos tête-à-tête sont devenus à deux volets : une moitié du temps nous parlions de moi, et l'autre d'elle. Son mari était tombé gravement malade, et, je le sentais, elle avait elle aussi besoin que je l'écoute.

Vint le temps où elle décida d'interrompre son travail pour se consacrer entièrement à son malade, puis partit seule avec lui loin de Paris. Je lui écrivais régulièrement et il m'arrivait aussi de lui téléphoner pour avoir de ses nouvelles.

Ce qu'elle me racontait, alors, sur l'attente à deux de la mort de l'aimé était si fort, si rayonnant de spiritualité et d'amour, que cela força mon cœur à s'approfondir afin de ne pas la lâcher.

Quand tout fut fini, elle me dit un jour, avec cette gravité dans la vivacité qui n'appartenait qu'à elle : « Ça y est! Tu sais, je reprends mes consultations!... On peut recommencer, nous deux! »

C'est sans prendre le temps de réfléchir, tant c'était l'évidence, que je lui répondis : « Non, maintenant tu es complètement mon amie.

– Ah, bon, si tu préfères! D'ailleurs, je crois que je préfère aussi... »

Ce qui me comblait dans cette amitié/analyse c'est que, bien que connaissant l'intégralité de mes

« secrets », elle puisse m'aimer quand même! M'ait élue pour me parler d'elle!

D'où mon indifférence, désormais, au « secret » : pour moi, il n'y a pas de secret, il n'y a que de la vérité. (Mais qui peut ne pas être à point!)

Rien, je crois, n'a autant concouru que cette circonstance à me valoriser à mes propres yeux! *Germaine* l'a-t-elle fait sachant que je mourrais de ne pas me sentir aimée telle qu'en moi-même (ni par moi-même)?

« Vous, m'a-t-elle dit assez vite, vous manquez de narcissisme! »

J'ai d'abord cru que le plafond me tombait sur la tête!

Moi, qui ne m'occupais que de mes toilettes et falbalas, sans cesse en grandes manœuvres de séduction tous azimuts, moi, Madeleine, pas narcissique?

(Car je savais me « voir », si je ne parvenais pas pour autant à me changer. Ce qui confirme, s'il en est besoin, la limite d'une auto-analyse... La lucidité ne suffit pas!)

J'appris par elle – difficilement, car il est difficile de le concevoir – ce qu'il en est véritablement du « narcissisme ». Un étai de notre être, lequel se met en place – si tout va bien – dans la petite enfance.

« Ta mère, me disait-elle, a pris tout le narcissisme pour elle! Du coup, il n'en est plus resté pour ses enfants... »

Première nouvelle! Mais je me suis mise à tenter d'imaginer comment les choses pouvaient, pour d'autres, se présenter différemment... De la façon qui, d'après *Germaine*, aurait été « normale », en tout cas m'aurait permis d'être plus viable. Et vivable.

« Tu comprends, ta mère vous aimait pour elle et non pour vous ! »

Jusque-là, je n'avais jamais mis en doute que nous étions, ma sœur et moi, les objets privilégiés de l'amour de Maman.

« Objets », c'était bien le mot ! Pour ma mère qui, si longtemps, n'avait vécu que dans les robes et par sa carrière, nous faisions partie des biens meubles. Mais en tant que personnes, au destin différent du sien, nous n'existions pas !

Je finis même par m'apercevoir que je ne m'étais jamais conçue autrement que comme une « partie » du corps de Maman. « Etre » pour moi, rien que pour moi, m'était interdit, impossible, et, du coup, m'angoissait trop !

Je me répétais – j'étais déjà à mi-vie – que si Maman mourait je mourrais aussitôt, car je ne trouvais en moi ni la force, ni l'envie de lui survivre ! (Elle ne m'avait guère aidée à les constituer !)

Avec le temps, ce « système » – dont je n'avais pas conscience – loin d'évoluer s'était figé : de liaison en liaison, (« Ça n'est pas ta faute », m'avait dit *Germaine*), je ne cherchais qu'à m'enchâsser, tel un parasite dans la vie d'autrui !

Ainsi c'était cela que j'avais appelé *amour* ?

Alors vite, vite que je devienne « narcissique », si ça signifiait devenir autonome.

« Individuée », précisait *Germaine*.

En même temps, l'idée de l'autonomie, qui conduit forcément à plus de solitude, me causait une peur atroce !

Oubliant ce que mon état d'absolue dépendance à celui que j'aimais me faisait endurer, je n'en voyais que les avantages – jamais les inconvénients !

Pourtant je n'ignorais pas que l' « individuation »

– selon le terme jargonneux inventé par Carl Jung, le grand prospecteur des trous noirs de l'esprit humain –, est le but vers lequel, depuis les débuts de la planète, tend tout le vivant. Et dont nous sommes, jusqu'à présent, la plus complète assomption. L'espèce vivante la plus « libre » de ses antécédents – mais tellement libérable encore...

Combien je préférais à toute « libération » me réfugier dans les bras de Maman! Ou de mon amant! (C'était équivalent!) Ou d'elle, *Germaine*.

Une fois, sans m'y être préparée – car c'est souvent par hasard que se font les progrès! –, j'ai brusquement quitté ma chaise, en séance, pour me précipiter sans paroles à ses genoux, tant j'étais submergée, comme si souvent, par un immense chagrin d'amour. Cette fois, provoqué par la mort d'un petit animal.

Incapable de m'exprimer, j'avais enfoui mes sanglots dans son giron.

Sans poser la main sur moi, de sa voix aux accents inimitables, elle me dit seulement :

« Tu sais, on peut s'aimer sans se toucher. On est même encore plus proche dans le cœur parce qu'on se parle mieux de loin. Retourne à ta place. »

Je me relevai d'un bond, repris ma chaise face à elle.

Mais c'en fut fini de mon goût plus que tardif pour les câlins et autres corps à corps (hors les étreintes de l'amour sexué), survivances de ceux, interminables, où s'était engloutie mon enfance!

Désormais je pouvais les juger pour ce qu'ils étaient – leur suavité mise à part –, de dangereux empêchements à la constitution de mon fameux « narcissisme ».

Germaine – par art, science, méthode, clinique, savoir-faire, génie? – dans ce divin moment où, sous l'effet d'une blessure d'amour, mon cœur était alors largement ouvert à sa parole, m'avait reliée à ce qui allait devenir mon être véritable : le langage.

Au-delà de mon corps ou de celui d'autrui.

N'empêche que l'existence du corps de *Germaine* me manque.

Je n'éprouvais plus le besoin de me fondre en elle – elle m'en avait « guérie » – mais je la savais vivante.

Je la voyais, je l'entendais.

EST-CE l'envie de tromper les heures qui m'a soudain poussée, il y a trois ans ? Longues, au début, sont les années de la solitude ! Des amoureuses brutalement désertées me le disent à foison...

Toujours est-il que l'idée me traverse de proposer à une femme écrivain, dont j'admire le trajet et l'ardeur au travail, de composer un « livre à deux voix ».

J'y aurais raconté ce que je savais de sa vie en parallèle avec ce que je crois savoir de la mienne : deux itinéraires différents – le mien débuté plus tôt – mais qui, tous les deux, par des voies, des biais différents, s'achèvent en écriture.

Tant de femmes me pressent tous les jours – « Comment s'y prend-on pour écrire ? » – que je voyais, en cet ouvrage doublement autobiographique, une sorte de réponse.

Un titre – c'est le signe que l'on a touché un gisement – me vient d'emblée : *Dialogues entre deux femmes.*

J'en parle à un éditeur, avec qui je devais justement déjeuner : il se révèle intéressé...

Ravie de moi-même, ça n'est pas si fréquent à l'époque, j'aborde la dame écrivain et lui fais oralement ma proposition : si elle accepte, je rédigerai le tout, je m'en sens le temps et le courage, et nous partagerons les droits.

Je crois l'entendre murmurer « oui ». En tout cas, je la quitte satisfaite, rêvant déjà au futur livre.

Erreur !

Le surlendemain je décachette une lettre – je me trouvais dans ma voiture que conduisait *Jenny* car j'étais encore incapable de prendre moi-même le volant – par laquelle la célèbre romancière me déclare haut et fort que si elle ne m'a pas remise en place sur l'instant, c'est que mon impudence ne l'a rien moins que suffoquée !

Comment osais-je me mettre à égalité avec elle, en suggérant – je l'avais fait – que nos deux noms figurent sur une même couverture de livre ? « Il y a trop de distance entre toi et moi... »

Mes tirages, il est vrai, sont sans rapport avec les siens. Toutefois, accoutumée au peu que connaissait encore à l'époque l'œuvre d'un génie comme *Germaine* (et de pas mal d'autres très grands auteurs), considérant par ailleurs que l'intérêt d'une œuvre ne se juge pas au poids, je n'y avais guère prêté suffisamment d'attention ! Grande faute !

Le projet tombe à l'eau sur-le-champ, mais la phrase, fichée en moi comme une écharde, continue à me faire mal.

Je m'en ouvre à *Germaine.*

« Sais-tu ce qu'elle m'a écrit ? Qu'il y avait trop de distance entre elle et moi... »

Germaine est face à moi, genoux légèrement écartés, un pied croisé sur l'autre comme à son ordinaire, et je n'ai pas oublié la gravité de son regard : « Elle a raison », me dit-elle.

Je crois tomber ! Me juge-t-elle bas à ce point, elle aussi ? Alors tout est pire que je l'imagine et

Bernard a rudement bien fait de me lâcher ! Je suis au bord de l'anéantissement !

C'est posément que *Germaine* s'explique :

« Tu as fait une analyse et elle pas. Il n'y a donc pas de commune mesure entre vous deux. Elle en a conscience et elle te le dit, c'est bien. Elle a tout à fait raison de te refuser. Pourquoi t'en fais-tu ? »

Là où je n'ai su voir qu'affaire de préséance, elle a d'emblée discerné l'essentiel.

Telle était *Germaine* !

Jamais elle ne prenait parti contre quelqu'un qu'à tort ou à raison je considérais, dans l'instant, comme mon adversaire (j'ai fait la paix, depuis, avec la dame aux gros tirages), mais elle mettait avec réalisme les choses en place, ayant conscience des droits et de la souffrance de chacun.

Jamais non plus *Germaine* ne m'a fait un compliment ou une remarque quelconque concernant mon apparence, ou ma personne. Elle se contentait de m'approuver, de temps à autre, pour une repartie que j'avais eue dans une certaine situation, que je lui rapportais et qu'elle jugeait « bonne », c'est-à-dire porteuse de vie et non de vengeance et de mort : « Tu as bien fait », disait-elle sobrement. Ou : « C'est ce qu'il fallait répondre. »

Toutefois, il lui arrivait de prendre son téléphone, et, au bout de quelques phrases destinées à m'informer de ce qu'elle avait en train, d'où elle en était, du moment où elle trouverait la liberté de me voir, avant de raccrocher, elle concluait d'une voix calme : « Je t'aime. »

Ou même : « Moi je t'aime. »

Avait-elle ainsi l'habitude – c'est tout à fait son droit – de le dire à d'autres qui en auraient eu autant besoin que moi ? (Je suis difficile à aimer, si exigeante, si impatiente.) Je l'ignore et peu m'importe. Je sais que ces seuls mots, les plus forts du langage, une fois l'émotion passée, me galvanisaient.

Depuis ce jour d'août, il n'y a plus personne pour me dire « je t'aime » de cette façon-là, pure et indubitable.

Sauf, à sa façon, le chien.

Germaine n'avait pas vraiment fréquenté d'animaux, m'avait-elle dit, avant de faire la connaissance de Bonhomme. C'était chez elle, dans le Midi, et Bernard était encore avec nous. Elle avait d'abord considéré le chien avec une sorte de surprise, convaincue qu'il ne pouvait y avoir, entre elle et lui, de communication véritable.

Mais il était son hôte ! Il lui fallait le recevoir et – car elle ne pouvait faire autrement face à tout ce qui était vivant – l'observer.

Lequel des deux prit l'initiative du rapprochement ? Un lien verbal, qui m'émouvait au plus haut point, s'institua rapidement entre eux... *Germaine* « parlait » à Bonhomme comme s'il pouvait la comprendre – et dès lors, il la comprenait – en lui expliquant sa propre vie de chien ! Qu'il avait été malheureux, autrefois, abandonné, gibier de fourrière, mais que tout cela était bien fini. Il était désormais protégé, en bonnes mains, heureux.

Quand le chien et moi, subitement esseulés, allions dîner chez elle rue Saint-Jacques, à pied parfois depuis l'Alma tant nous avions besoin d'user « notre » chagrin, *Germaine* avait préparé je ne dirais pas une pâtée, tant c'était succulent, mais une « assiette » pour Bonhomme, qu'elle tenait à servir en premier.

Après deux ou trois visites, le chien comprit son privilège et, la porte à peine entrouverte, il se précipitait dans la cuisine, la tête levée vers la table pour indiquer qu'il n'ignorait pas que son « y'a bon » l'y attendait.

Cette avidité était sa façon de la remercier pour son intérêt affectueux à son égard, dont il devait savoir tout le prix.

Puis nous mangions, elle et moi, en évoquant les êtres qu'elle aimait, ses enfants, ses petits-enfants, le passé, son défunt mari, Bernard, dont nous n'avions ni l'une ni l'autre de nouvelles – chaque fois elle m'en demandait –, et, la tête entre les pattes, Bonhomme nous « écoutait ».

Jamais je ne l'ai autant vu écouter que lorsqu'il était entre nos deux voix, captant je ne sais quelles vibrations, celles de l'amour sans doute, si rare chez les humains, du moins au degré d'incandescence où savait l'amener *Germaine*.

Les derniers temps, je ne lui ai pas dit à quel point il était malade. Elle en aurait éprouvé de la peine et je me serais fait mal à moi-même de la faire tant soit peu souffrir.

Quand le chien aussi aura disparu, que me restera-t-il des êtres qui me reliaient à cet homme ? Moi ?

CE matin, 29 août, m'éveillant en pleurs dans la maison endormie, j'ouvre mes volets de bois et je m'aperçois qu'il pleut. Malmenées par la sécheresse, les plantes ont grand besoin de cette humidité, comme mon cœur de mes larmes, car, ces temps-ci, je ne pleure plus.

Aussi haut que je remonte, je ne me souviens pas d'avoir pleuré le jour de mon anniversaire ! Faut-il y voir l'écho lointain de mes toutes premières larmes, celles de l'instant de ma naissance ? Ou le regret de ne pas me trouver aujourd'hui auprès de ma mère, dont j'ai d'ordinaire la garde en août ?

Mon premier geste, le jour anniversaire de ma naissance, était de courir l'embrasser sur le front (elle continuait à dormir), en la remerciant de m'avoir mise au monde. Ne pas pouvoir lui dire ce qu'exprime par ses cris un nouveau-né à sa génitrice : « Bonjour, Maman ! », est-ce cela ce qui me fait pleurer ?

Même loin de moi, il doit bien demeurer encore quelque trace, dans sa mémoire assoupie, de cette fête pour nous deux que fut, m'a-t-elle répété, ma naissance.

« Tu ne peux pas savoir comme j'étais heureuse ! »

Mais si!

Ma mère travaillait dans la couture depuis ses dix-huit ans, afin d'entretenir sa propre mère, séparée de son mari, et sa jeune sœur. Activité forcenée qui l'avait tenue à l'écart du mariage et de la maternité. A trente-quatre ans, elle avait rencontré puis épousé mon père, plus jeune qu'elle (d'où mon goût pour les jeunes hommes?), et j'étais son premier enfant. Un cadeau qu'elle n'attendait sans doute plus, à son âge considéré comme avancé pour l'époque. Mère, elle l'a été avec force, pudeur, retenue, angoisse, amour, folie peut-être.

Longtemps, grâce à elle, je suis demeurée convaincue qu'il était normal que l'amour ignore toute limite. D'où mes déboires avec les hommes auxquels je demandais « trop », quand cela ne me semblait que naturel! (« Un homme, c'est trop petit pour la passion! m'a confié ma sœur Emmanuelle. C'est la raison pour laquelle je me suis faite religieuse! » Je ris : cette « folle d'amour » de soixante-dix-huit ans, avait donc découvert à vingt ans la leçon de toute ma vie?)

Si – en dépit de mes échecs (mérités) – je n'ai finalement pas renoncé à l' « utopie » d'amour que je dois à ma mère, c'est que j'ai eu la chance de rencontrer *Germaine*.

Mon amie – qui ne le fut pas aussitôt, il nous fallut mutuellement nous apprivoiser – rayonnait d'une façon dont je ne comprenais pas qu'elle n'attirât pas tout le monde. Le plus étonnant, ça n'était pas tant qu'elle se consacre à aider les autres, c'était qu'elle y puise sa joie.

Moi aussi, il m'arrive d'aider quelqu'un si je pense qu'il en a besoin. Quand cela réussit, j'en éprouve de la satisfaction, mais je ne peux pas dire que j'en tire mon désir d'exister.

J'aime aussi lire, savourer la beauté des choses, dessiner (*Germaine* a dessiné autrefois), j'aime les robes, les objets, les plantes.

La pluie cesse et le ciel contrasté vire rapidement au bleu, comme il est d'usage dans nos contrées.

Je descends dans mon jardin qu'une fois de plus je m'étonne de trouver si minuscule, mais plein à craquer d'une telle variété de plantes qu'elles débordent par-dessus les murs jusque chez les voisins, à la recherche d'espace vital.

Celles que j'aperçois d'emblée, car leurs massifs ne cessent d'augmenter de volume, ce sont les hortensias, dont le pied sert de refuge au chat par temps de chaleur ou de pluie. A leurs côtés, ce qu'il reste du feuillage des iris qui furent si beaux, à Pâques, puis les roses, grimpantes, pompons, anciennes, doubles, mélangées aux fuchsias, si envahissants cette année, aux pieds de pétunias, roses d'Inde, marguerites, freesias.

Omniprésentes, les impatiens. Ces fleurs d'ombre et de toute terre ne laissent pas un pouce de terrain sans s'y étaler.

Leurs nuances, diversifiées du blanc au rouge, illuminent jusqu'aux recoins les plus cachés, comme celui derrière l'épicéa, où, hors l'impatiens, rien ne pousse.

Mon regard se porte également vers les longues efflorescences des roses trémières, apportées par le vent et chaque année plus nombreuses. Le bignonia, vers le fond, est en pleine floraison, mais, cette année, la vigne n'a pas mené à bien ses raisins. Je m'inquiète aussi des nouveaux venus : un plant de jasmin, lequel s'élance gaillardement à l'assaut du mur, les deux glycines dont l'année prochaine je compte découvrir les premières fleurs et – imprudence de ma part – un tout jeune figuier.

Non que pour lui je craigne le froid, palmiers et mimosas se portent chez nous à merveille, mais le manque d'espace : il a déjà doublé et menace sa voisine, une fougère. Faudra-t-il le tailler comme, deux fois l'an, le laurier-sauce?

Seul le lagerstrœmia, en milieu de gazon, jouit de ses aises, tandis que l'althæa, au coude à coude avec le rhododendron, a commencé la lutte à mort.

Les départager m'est difficile et c'est toujours le cœur en berne que je manie le sécateur!

Pourtant, dès que je feuillette un catalogue, rend visite à un pépiniériste, je succombe : pourquoi pas des capucines, des dahlias, des delphiniums, des asters et, bien sûr, des cosmos?

Or, on ne sait plus comment avancer sur ce qui nous reste de chemin! Par chance, l'avant-jardin est une cour dallée, sinon ce serait partout la jungle! Dans de vieux pots de céramique verte, ayant appartenu à ma grand-mère, j'ai fait comme elle : acheté et planté deux orangers! (Cela signifie qu'on s'installe en Israël!)

Lierre et vigne vierge occupent l'entier des murs, de minuscules oiseaux viennent faire leurs nids dans leur toison.

Germaine aimait ses jardins. Mais c'est avec plus de détachement que moi qu'elle en considérait les plantations. Après un regard, qui contenait une bénédiction et une approbation pour la bonne tenue d'une espèce florale ou d'une autre, l'évocation que c'était elle qui, en famille, avait planté tel ou tel arbre, la voilà galopant vers l'essentiel : son travail!

Je l'ai respecté.

Je veux dire que je n'ai pas autant appelé mon amie ni, bien sûr, ne l'ai autant vue que je le désirais, car je savais que ce qu'elle avait à mener à bien était primordial. Pour elle, pour les autres, aussi pour moi.

J'absorbais sa pensée dans ses livres, que je lisais ligne à ligne, et dont je ne lui parlais guère, car, en sa compagnie, c'était avant tout l'affectivité, la tendresse qui prenaient le pas sur l'intellectuel.

Ce qu'elle avait à m'apprendre sur le sujet de sa recherche, ne se donnait-elle pas le mal de l'écrire ? « Tu liras », me disait-elle, et il lui est arrivé, avec un élan dont la timidité m'émouvait, de m'offrir à plusieurs reprises son plus récent ouvrage :

« As-tu lu ? Ça vient de sortir...

– Bien sûr ! Et tu ne t'imagines pas comme ça me fait du bien !

– Ah bon, je suis contente ! soupirait-elle, soulagée de ne pas avoir paru importune. Tu sais, c'est ce que les gens m'écrivent. Tant mieux si ça peut aider... »

C'était une autre personne que je rencontrais dans ses ouvrages : un esprit d'une dimension prodigieuse, car rien de son sujet ne lui échappait. D'avance elle avait répondu aux objections et elle repoussait les frontières du savoir plus loin qu'on ne pouvait l'espérer ou le prévoir.

Souvent, je m'arrêtais dans ma lecture pour reprendre mon souffle, tant je me sentais emportée au galop loin de mes manières de pensée et de l'horizon habituel de notre culture.

En plus – ce que je ne retrouve chez aucun autre auteur dans sa discipline –, elle ne s'interpose à aucun moment entre le lecteur et la réalité qu'elle lui dévoile ! Jamais elle ne « joue » un personnage, comme ils le font tous ! Celui du maître, du thérapeute, de l'enseignant, du guide, du gourou... Ou de qui a l'humilité d'avouer son ignorance – parfois le pire des orgueils !

Ces affectations lui furent totalement étrangères,

d'où la grandeur de ses textes et, par là même, une simplicité qui écarte d'eux les « intellectuels ».

Comment, pas de « cours du haut de la chaire »? Rien de magistral? Un tel discours ne peut être que du bla-bla, des contes pour nourrices... D'ailleurs, ne s'y trouve-t-il pas des « mots d'enfants »?

De ces expressions qu'invente le génie du cœur.

Un absolu de la poésie.

Mais je ne vais pas me mettre à la défendre, car si quelqu'un n'en a pas besoin, c'est bien elle! Son génie est invulnérable, même si certains détracteurs ont trouvé le moyen de lui faire de la peine. Cela tient à la persistance, chez elle, d'une très ancienne blessure, dont il ne me revient pas de parler.

Il est l'heure de déjeuner et nous écoutons le journal.

C'est à nouveau la moisson des morts : accident d'avion en Allemagne, disparition d'un écrivain puis d'un autre, tous deux atteints de la même irrémédiable maladie, décès d'un acteur... Sans compter le millier de tués recensés sur les routes.

J'ai hâte que ce mois des douleurs se finisse, et, en même temps, comment désirer que le temps avance quand je les vois, ceux qui me restent, regroupés autour de moi?

Elsa, hier, me téléphone :

« Comment va le chien?

– Pas plus mal, il se maintient.

– Bon, tant mieux. Mais, vous devez le savoir, il ne peut pas guérir... »

Qu'elle ne s'inquiète pas, je ne me fais pas d'illusions. Je vis chaque instant dans un temps suspendu. Mon regard sur lui l'absorbe, s'en repaît. Il a beaucoup blanchi, ces temps-ci, et quand je le vois avancer dans la rue, tentant tout de même de faire le beau dès que nous croisons un congénère, ses taches noires et blanches moins contrastées me le montrent à demi effacé. Un chien gommé.

Je retiens mon souffle, comme si j'allais pouvoir lui insuffler l'air que je n'absorbe pas.

Hier soir, je l'écoutais qui respirait un peu trop fort, blotti dans la couette au pied de mon lit.

Mais il était là. Je suis là.

DU MÊME AUTEUR

UN ÉTÉ SANS HISTOIRE, Mercure de France, 1973.
JE M'AMUSE ET JE T'AIME, Gallimard, 1974.
GRANDS CRIS DANS LA NUIT DU COUPLE, Gallimard, 1976.
LA JALOUSIE, Fayard, 1977.
UNE FEMME EN EXIL, Grasset, 1978.
UN HOMME INFIDÈLE, Grasset, 1979.
DIVINE PASSION, Grasset, 1981.
ENVOYEZ LA PETITE MUSIQUE..., Grasset, 1984.
UN FLINGUE SOUS LES ROSES, Gallimard, 1985.
LA MAISON DE JADE, Grasset, 1986.
ADIEU L'AMOUR, Fayard, 1987.
UNE SAISON DE FEUILLES, Fayard, 1988.

Les femmes
au Livre de Poche

Autobiographies, biographies, études...
(*Extrait du catalogue*)

Arnothy Christine
J'ai 15 ans et je ne veux pas mourir.

Badinter Elisabeth
L'Amour en plus.
Emilie, Emilie. L'ambition féminine au XVIIIe siècle (*vies de Mme du Châtelet, compagne de Voltaire, et de Mme d'Epinay, amie de Grimm*).
L'un est l'autre.

Bodard Lucien
Anne Marie (*vie de la mère de l'auteur*).

Bourin Jeanne
La Dame de Beauté (*vie d'Agnès Sorel*).
Très sage Héloïse.

Carles Emilie
Une soupe aux herbes sauvages.

Champion Jeanne
Suzanne Valadon ou la recherche de la vérité.
La Hurlevent (*vie d'Emily Brontë*).

Charles-Roux Edmonde
L'Irrégulière (*vie de Coco Chanel*).

Delbée Anne
Une femme (*vie de Camille Claudel*).

Desroches Noblecourt C.
La Femme au temps des pharaons.

Dolto Françoise
Sexualité féminine. Libido, érotisme, frigidité.

Elisseeff Danielle
La Femme au temps des empereurs de Chine.

Maillet Antonine
Pélagie-la-Charrette.
La Gribouille.

Mallet Francine
George Sand.

Mansfield Irving et **Libman Block** Jean
Jackie, la souffrance et la gloire (*vie de la romancière Jacqueline Susann*).

Martin-Fugier Anne
La Place des bonnes (*la domesticité féminine en 1900*).
La Bourgeoise.

Pernoud Régine
Héloïse et Abélard.
La Femme au temps des cathédrales.
Aliénor d'Aquitaine.
La Reine Blanche (*vie de Blanche de Castille*).
Christine de Pisan.

Thurman Judith
Karen Blixen.

Yourcenar Marguerite
Les Yeux ouverts (*entretiens avec Matthieu Galey*).

Et des œuvres de :

Charlotte et Emily Brontë, Pearl Buck, Marie Cardinal, Hélène Carrère d'Encausse, Madeleine Chapsal, Agatha Christie, Colette, Christiane Collange, Jeanne Cordelier, Régine Deforges, Daphné Du Maurier, Françoise Giroud, Juliette Gréco, Benoîte Groult, Mary Higgins Clark, Patricia Highsmith, Xaviera Hollander, P.D. James, Mme de La Fayette, Doris Lessing, Carson McCullers, Françoise Mallet-Joris, Silvia Monfort, Anaïs Nin, Joyce Carol Oates, Anne Philipe, Ruth Rendell, Christine de Rivoyre, Marthe Robert, Christiane Rochefort, Françoise Sagan, George Sand, Albertine Sarrazin, Mme de Sévigné, Simone Signoret, Christiane Singer, Han Suyin, Valérie Valère, Virginia Woolf...

IMPRIMÉ EN FRANCE PAR BRODARD ET TAUPIN
Usine de La Flèche (Sarthe).
LIBRAIRIE GÉNÉRALE FRANÇAISE - 6, rue Pierre-Sarrazin - 75006 Paris.

ISBN : 2 - 253 - 05357 - 0 30/6792/3